Die Erdgöttinnen

Jörd, Skadi, Rindr, Gefion, Hlodyn und Herche, Fiörgyn, Gyma, Folde, Haudr und Mona

Band 23 der Reihe „Die Götter der Germanen"

Bücher von Harry Eilenstein:

- Astrologie (496 S.)
- Photo-Astrologie (428 S.)
- Horoskop und Seele (120 S.)
- Tarot (104 S.)
- Handbuch für Zauberlehrlinge (408 S.)
- Physik und Magie (184 S.)
- Der Lebenskraftkörper (230 S.)
- Die Chakren (100 S.)
- Meditation (140 S.)
- Reinkarnation (156 S.)
- Drachenfeuer (124 S.)
- Krafttiere – Tiergöttinnen – Tiertänze (112 S.)
- Schwitzhütten (524 S.)
- Totempfähle (440 S.)
- Muttergöttin und Schamanen (168 S.)
- Göbekli Tepe (472 S.)
- Hathor und Re 1: Götter und Mythen im Alten Ägypten (432 S.)
- Hathor und Re 2: Die altägyptische Religion – Ursprünge, Kult und Magie (396 S.)
- Isis (508 S.)
- Die Entwicklung der indogermanischen Religionen (700 S.)
- Wurzeln und Zweige der indogermanischen Religion (224 S.)
- Der Kessel von Gundestrup (220 S.)
- Der Chiemsee-Kessel (76)
- Cernunnos (690 S.)
- Christus (60 S.)
- Odin (300 S.)
- Die Götter der Germanen (Band 1 – 80)
- Dakini (80 S.)
- Kursus der praktischen Kabbala (150 S.)
- Eltern der Erde (450 S.)
- Blüten des Lebensbaumes 1: Die Struktur des kabbalistischen Lebensbaumes (370 S.)
- Blüten des Lebensbaumes 2: Der kabbalistische Lebensbaum als Forschungshilfsmittel (580 S.)
- Blüten des Lebensbaumes 3: Der kabbalistische Lebensbaum als spirituelle Landkarte (520 S.)
- Über die Freude (100 S.)
- Das Geheimnis des inneren Friedens (252 S.)
- Von innerer Fülle zu äußerem Gedeihen (52 S.)
- Das Beziehungsmandala (52 S.)
- Die Symbolik der Krankheiten (76 S.)

- König Athelstan (104 S.)

Kontakt: www.HarryEilenstein.de / Harry.Eilenstein@web.de
Herstellung und Verlag: BoD - Books on Demand, Norderstedt   **ISBN:** 9783744869591

Die Themen der einzelnen Bände der Reihe „Die Götter der Germanen"

Inhaltsverzeichnis

I Die Erdgöttin in der germanischen Überlieferung

1. Jörd

Die Riesin Jörd ist die personifizierte Erde.

1. a) Der Name „Jörd"

Der Name „Jörd" bedeutet „Erde".

Aus diesem Namen bzw. Wort haben sich in mehreren Sprachen die Bezeichnungen für die Erde entwickelt:

Bezeichnungen für die Erde, die mit „Jörd" verwandt sind		
		Bezeichnung für die „Erde"
Island		Jörd
Faröer		Jörd
Dänemark		Jord
Schweden		Jord
Norwegen		Jord
England	Altenglisch	Eorde
	Neuenglisch	earth
Deutschland		Erde

1. b) Lokasenna

In diesem Lied wird der Donnergott Thor mit „Jardar burr", d.h. „Sohn der Erde" umschrieben. Jörd ist folglich die Mutter des Thor.

Loki:
„Der Erde Sohn ist eingetreten:
Nun kannst Du knirschen, Thor;
Doch wenig wagst Du, wenn Du den Wolf bestehen sollst,
Der den Siegvater verschlingt.“

1. c) Skaldskaparmal

In den Kenningar-Listen in dem Skaldenkunst-Lehrbuch des Snorri Sturluson wird bestätigt, daß Thor der Sohn der Jörd ist:

„Wie soll man die Erde umschreiben?“ – *„Folgendermaßen: Indem man sie*

Fleisch des Ymir nennt	(sie wurde aus dem Fleisch des Urriesen erschaffen)
und Mutter des Thor,	(Thor ist Jörds Sohn)
Tochter des Onarr,	(Onarr („Anderer“) ist Jörds Vater)
Odins Braut,	(Thor ist der Sohn von Odin und Jörd)
Nebenfrau der Frigg	(Frigg ist ebenfalls Odins Frau)
und der Rindr	(Rindr ist wie Jörd die Geliebte des Odin)
und der Gunnlöd,	(Gunnlöd ist wie Jörd die Geliebte des Odin)
Schwiegermutter der Sif,	(Sif ist die Frau von Thor, dem Sohn der Jörd)
Flur	(Fußboden (=Erde) unter der Luft („Sturm-Halle“))
und Boden der Sturm-Halle,	(Erde unter dem Luftraum („Sturm-Halle“))
Meer der Tiere,	(Jörd ist für die Tiere wie das Meer für die Fische)
Tochter der Nott,	(Nott („Nacht“) ist Jörds Mutter)
Schwester von Audr	(Audr ist die „Fülle“)
und Dag.“	(Dag ist der „Tag“)

Aus diesen Kenningarn ergibt sich die folgende Familie der Jörd:

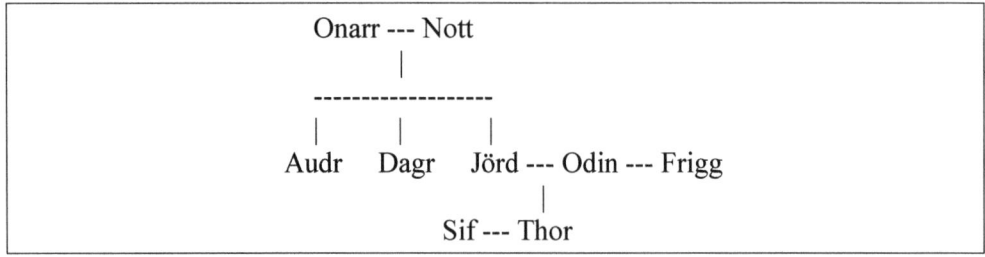

12

Auf die Aufzählung dieser Erde-Kenningar folgen noch einige Beispiele für die Anwendung dieser Umschreibungen, die in den Versen jeweils fett gedruckt sind.

So sang Eyvindr Skaldenverderber:

„Nun liegt das leuchtende Gold verborgen
*in dem **Leib der Mutter***
des Feindes der Riesen; das war der Rat
einer starken und Mächtigen Sippe.

Der „Feind der Riesen" ist Thor. Die „Mutter des Thor" ist Jörd. Der „Leib der Jörd" ist der Erdboden. Das Gold ist der Grabschatz in einem Hügelgrab.

So wie Hallfredr Ärger-Skalde sang:

„Im Rat wurde beschlossen,
daß der Freund des Königs, weise im Rat,
*das **Land** heiraten sollte, **die einzige Tochter***
des Onarr, die grün Bewaldete."

Die „einzige Tochter des Onarr" ist Jörd. Der „Freund des Königs" ist ein angehender Fürst, der durch seine symbolisch-rituelle Ehe mit der Landesgöttin Jörd inthronisiert wird.

Und er sang weiterhin:

„Der tapfere Herr des Raben-Platzes
*erhielt die **breitgesichtige Braut des Odin**,*
*das **Land**, das mit königlichem Rat*
und Waffen zu ihm gelockt wurde."

Der „Raben-Platz" ist das Schlachtfeld. Der „Herr des Schlachtfeldes" ist der siegreiche König. In seinen Besitz wurde das Land durch Rat und Waffengewalt „gelockt".

Die „Braut des Odin" ist Jörd. Die Erdoberfläche wird hier als ihr „breites Gesicht" angesehen.

Auch Thjodolfr sang:

„Der Fürst, der Krieger-Frohe
in dem geruderten Bootsrumpf,
*befestigte die Schiffe der Männer an dem **Ende des Strandes**,*
am Kopf der Kiel-gepflügten See. "

Das „Ende des Strandes" ist die Erde und somit Jörd. Der Strand wird auch als der „Kopf" des Meeres, d.h. des Ägir oder der Ran angesehen.

So sang Hallfredr:

„ Voller Abscheu, das Land entgleiten zu lassen
halte ich den herrlichen Speer-Fürsten:
***Audrs Schwester** ist dem glorreichen*
Schatz-Spender unterworfen worden. "

„Audrs Schwester" ist Jörd, d.h. das Land, das der Kriegsherr erobert hat, der sowohl kriegerisch („Speer-Fürst") als auch freigiebig („Schatz-Spender") ist.

So sang Thjodolfr:

„Fern stand diesmal der Speer-langsame Faulpelz
als der Schlacht-Flammen-Anfeuerer
*die **Nebenfrau der Rindr** ergriff,*
die keine Mitgift erhielt. "

Der zweite Teil dieser Strophe, die nicht im Skaldskaparmal enthalten ist, lautet:

„Es war dem Fürsten der Afrikaner
und seinen Leute nicht möglich,
*das mit einer **Hagel-Kette geschmückte***
***Mädchen des Onarr** gegen ihn zu halten. "*

Der „Schlacht-Flamme" ist das Schwert. Der „Schwert-Anfeuerer" ist manchmal der Schlachtengott Odin – hier ist jedoch der Anführer der Wikinger gemeint. Die „Nebenfrau der Rindr" kann Jörd, Gunnlöd oder auch Frigg sein.
Der „Pfeil-langsamen Faulpelz", d.h. der Mann, der offenbar nicht schnell mit

seinen Waffen. d.h. nicht kriegerisch ist, ist ein afrikanischer Sarazenen-Anführer, gegen den die Wikinger kämpfen – dies ergibt sich erst durch den Rest des Gedichtes, das über eine Schlacht in der Nähe von Sizilien berichtet.

Das „Mädchen des Onarr" ist Jörd. Der „Hagel" sind die Speere und Pfeile der Wikinger, die diese auf die Afrikanischen Sarazenen geworfen bzw. geschossen haben. Dieser „Hagel" bildet nun den „Halsschmuck" des eroberten Landes.

1. d) Skaldskaparmal

Die Thor-Kenning „Sohn der Jörd" ist sehr weit verbreitet gewesen:

„Welche Bilder sollte man benutzen, um den Namen des Thor zu umschreiben?"
„Diese: Man sollte ihn Sohn des Odin und der Jörd nennen, Vater des Magni und des Modi und der Thrudr, Mann der Sif ... ...

... ...

So sang Ölvir abgeschnitte-Nase-und-abgebissene-Ohren:

Der Umkreiser aller Länder
und Jörds Sohn suchten einander."

Der „Umkreiser aller Länder" ist die Riesenschlange Jörmungandr, die im Weltmeer liegt und ganz Midgard umgibt. „Jörds Sohn" ist Thor. Die beschriebene Szene ist der Kampf zwischen Thor und Jörmungandr, der u.a. im Hymir-Lied, im Thor-Lied, in der Thorsdrapa und in der Ragnarsdrapa besungen wird.

1. e) Haustlöng

In diesem Lied finden sich noch ein weiteres Beispiel für die Thor-Kenning „Jörds Sohn":

Auf dem Kreis kann man auch sehen,
O Mann des Höhlen-Feuers,
wie der Schrecken der Riesen
dem Hügel der Stein-Stadt einen Besuch abstattete.

15

Der wütende Sohn der Jörd
fuhr zu dem Spiel des Eisens
und der Weg des Mondes donnerte unter ihm.
Wut schwoll an Meilis Bruder.

Der „*Kreis*" ist der Schild, den der Skalde Thjodolfr von Thorleif erhalten hat.

Das „*Höhlen-Feuer*" ist das Gold. Der „*Mann des Goldes*" ist der Fürst Thorleif, der dem Thjodolfr den Schild geschenkt hat, den dieser nun besingt.

Die sonst übliche Kenning für „Gold" ist „Meeres-Feuer" o.ä. Da die Skalden an die Stelle des Wortes „Wasser" auch das Wort „Höhle" setzen konnten, müssen die „tiefen Wasser" und die „Höhle" dieselbe mythologische Bedeutung gehabt haben: Sie waren beide Bilder für die Unterwelt. Die Göttin der Wasser-Unterwelt ist die Riesin-Göttin Ran und die Göttin der Höhlen-Unterwelt (Grabkammer im Hügelgrab) ist die Riesin-Göttin Hel.

Das Leuchten des Goldes stammt von dem (goldenen) Sonnenschwert des Tyr-Surtur, das nach dem Machtübergang zu Odin von diesem zur Beleuchtung seines Saales Walhalla benutzt wurde.

Der „*Schrecken der Riesen*" ist Thor.

Die „*Stein-Stadt*" („Griotun") ist der Wohnort der Riesen oder das Hügelgrab – was letztlich dasselbe ist: ein Ort im Jenseits. Der „*Hügel der Stein-Stadt*" ist entweder der Berg, auf dem die Riesen wohnen, oder das Hügelgrab, in dem sie als Totengeister leben – was wiederum letztlich dasselbe ist. Diese Kenning bezeichnet in diesem Lied den Wohnort des Riesen Hrungnir. Möglicherweise ist mit „*Hügel*" auch nicht der Wohnort des Hrungnir, sondern der Riese selber gemeint – das wäre dann eine recht abfällige Kenning …

Der „*Sohn der Jörd*" ist Thor.

Mit „*Eisen*" ist eine Waffe gemeint. Das „*Spiel des Eisens*" ist der Kampf und die Schlacht.

Der „*Weg des Mondes*" ist der Himmel, über den Thor als Donnergott in seinem Ziegenbock-Streitwagen fuhr.

„*Meili*" („der Liebliche/Liebenswerte") ist wahrscheinlich ein Beiname für Baldur. „*Meilis Bruder*" ist Thor.

Kenning-freie Übersetzung der Strophe: „*Auf dem Schild kann man auch sehen, O Fürst, wie Thor dem Hrungnir einen Besuch abstattete. Thor fuhr donnernd über den Himmel zu dem Kampf und die Wut schwoll in ihm an.*"

1. f)   Haustlöng

In dieser Strophe wird die Thor-Kenning „Sohn der Jörd" noch ein weiteres mal benutzt:

Der harte Splitter des Wetzsteines
des Besuchers der Frauen
von Vingnirs Leuten zischte zu dem Sohn der Erde
und in seinen Gehirn-Grat,

sodaß der Stahl-Reibstein
noch immer im Schädel
des Jungen des Odin steckt
und dort befleckt mit dem Blut des Eindridi herausragt.

Ein „*Splitter des Wetzsteines*", den Hrungnir als Waffe verwendete, flog Thor in den Kopf und blieb dort stecken.

„*Vingnir*" bedeutet „Werfer" und ist ein Beiname des Thor, der sich auf sein Werfen des Hammers, der wie ein Bumerang immer wieder zu Thor zurückkehrte, bezieht. „*Vingnirs Leute*" sind daher die Asen. Der „*Besucher der Asen-Frauen*" ist Hrungnir, der nach einem Wettritt mit Odin nach Asgard gekommen war und dort in betrunkenem Zustand damit geprahlt hatte, daß er alle Asen töten und Freya und Sif rauben würde, woraufhin ihn Thor zum Zweikampf herausforderte.

Der „*Sohn der Erde*" ist Thor, da seine Mutter die Erdgöttin Jörd ist.

Thors „*Gehirn-Grat*" ist sein Schädel. Mit dem hier als „Grat" übersetzten germanischen Wort sind solche Dinge wie ein Bergrücken, ein Firstbalken und andere „obenliegenden Teile eines Ganzen" gemeint.

Der „*Stahl-Reibstein*" ist der Wetzstein.

„*Odins Junge*" ist Thor.

„*Eindridi*" („alleine Wandernder") ist ein Beiname des Thor.

Kenning-freie Übersetzung der Strophe: „*Ein harter Splitter des Wetzsteines des Hrungnir flog zu Thor und blieb in seinem Schädel stecken und ragte dort blutverschmiert heraus.*"

1. g)   Skaldskaparmal

„*Wie soll man Frigg umschreiben?*"
„*Nenne sie Tochter der Fiörgyn, Frau des Odin, Mutter des Baldur, Nebenfrau der*

Jörd und der Rindr und der Gunnlöd und der Gridr, Schwiegermutter der Nanna, Herrin der Asen und der Asinnen, Herrin der Fulla und des Falken-Hemdes und des Fensalir."

Nanna ist die Frau des Baldur, Fulla ist Friggs Dienerin und Fensalir ist Friggs Halle.

Die Riesinnen Jörd, Rindr, Gunnlöd und Gridr stehen somit einander gleichberechtigt als Nebenfrauen neben Frigg.

1. h) Gylfis Vision

In Gylfis Vision wird Jörd nicht nur als Odins Frau, sondern auch als seine Tochter bezeichnet. Vermutlich zeigt sich hier das Bemühen, die Muttergöttin dem Göttervater zunächst in einem ersten Schritt als Geliebte gleichzustellen und sie ihm dann in einem zweiten Schritt unterzuordnen.

Jörd war Odins Tochter und seine Frau und von ihr gewann er einen erstgeborenen Sohn: das ist Asathor; ihm folgen Kraft und Stärke, daß er siegt über alles Lebendige.

1. i) Gylfis Vision

Obwohl Jörd den Riesinnen Gunnlöd, Rindr und Gridr gleichgestellt war, wurde sie als eine Asin angesehen. Dies bedeutet vor allem, daß sie mehr mit dem Diesseits als mit dem Jenseits assoziiert wurde – was bei einer Asin, die die Erde verkörpert, nicht verwundert.

Auch Jörd, die Mutter Thors, und Rindr, Walis Mutter, zählen zu den Asinnen.

1. j) Noregs Konungatal

Dieses Stammbaum-Lied wurde um 1047 von Jon Lopt-Sohn verfaßt.

Der tapfere Herr herrschte
für drei und siebzig Jahre
über die Bettgenossin
des Thundr,
bevor die einzige Tochter
des Anführers kam,
um ihm
das Leben zu rauben.

   Herr = König
   Thundr = Odin; dessen Bettgenossin = Jörd = die Erde = das Reich des Königs
   Anführer = Loki; dessen Tochter = Hel

Der hart-herrschende
Jarl Hakon
erhielt Hars Frau
nach Haralds Tod.
Dieser Herr
herrschte
über Thundrs Bettgenossin
für dreizehn und zwanzig Jahre.

   Har = Odin; dessen Frau = Jörd = Erde = Königreich

Jarl Eirikr,
dem Ruhm verliehen wurde,
herrschte zwölf Jahre
über Yggs Maid,
bevor der Herr,
der seine Freunde bereicherte,
von dem Land fort
nach Westen über das Meer zog.

   Ygg = Odin; dessen Maid = Jörd = Erde = Königreich
    nach Westen ziehen = sterben (der Sonne in das Jenseits folgen; Seebestattung wie
Baldur)

Doch Olaf
der Sanftmütige
hatte einen kühnen
und freigiebigen Sohn.
Magnus herrschte
über Yggs Maid
für zehn Jahre
nach der Zählung der Leute.

1. k)   Gylfis Vision

Es ist zumindestens fraglich, ob der folgende Text ein hohes Alter hat. Er scheint eher ein neuerer Versuch zu sein, die verschiedenen „Natur-Riesen" in einer Familie anzuordnen – wobei sicherlich viele alte Motive aufgegriffen worden sind.

Norwi oder Narfi hieß ein Riese, der in Jötunheim wohnte; er hatte eine Tochter, die hieß Nacht und war schwarz und dunkel wie ihr Geschlecht.
Sie ward einem Manne vermählt, der Naglfari hieß: der beiden Sohn war Aud.
Danach ward sie einem namens Onar (Annar) vermählt; beider Tochter hieß Jörd.
Ihr letzter Gemahl war Delling, der vom Asengeschlecht war. Ihr Sohn Tag war schön und licht nach seiner väterlichen Herkunft.

Diese Darstellung der Sippe, zu der Jörd gehört, wird übersichtlicher, wenn man sie als Tabelle anordnet:

Die Familie der Riesin Nott					
Mutter		*Vater*		*Kind*	
Name	*Charakter*	*Name*	*Charakter*	*Name*	*Charakter*
Nott	Nacht	Naglfari	Jenseitsfährmann	Aud	Fülle
		Annar	Ymir?	Jörd	Erde
		Delling	Morgenanbruch, Leuchten	„Tag"	Tag

In dem ältesten erhaltenen Manuskript ist Jörd („Erde") die Frau des Delling („Tagesanbruch") und die Mutter des Dag („Tag"). In Island wurde die Sippe jedoch vereinheitlicht, sodaß Nott („Nacht") dort als Frau aller drei Männer und als Mutter aller drei Söhne erscheint.

Drei aufeinander folgenden Ehen sind aufgrund der Symbolik der „3" bei den Germanen die Darstellung eines Zyklus – in der Regel des Sonnenzyklus. Hier scheint sich also die Nacht mit der Sonne zu vereinen, woraufhin sie die Sonne dann wiedergebiert. Delling und Dag sind noch anhand ihrer Namen als der ehemalige Sonnengott-Göttervater Tyr erkennbar.

Die Einbeziehung der Jörd in diese „drei Ehen" ist ein Hinweis darauf, daß einst auch Jörd am Morgen die Sonne (Tyr) geboren hat. Vermutlich ist dieses Motiv um 500 n.Chr., als Thor und Odin den ehemaligen nordgermanischen Göttervater Tyr abgesetzt haben, auf Thor übertragen worden, sodaß der Donnergott zu einem „Sohn der Erde" geworden ist.

Aus den verschiedenen Angaben in der Edda ergibt sich der in der folgenden Übersicht dargestellte Stammbaum der Jörd.

Es ist jedoch wahrscheinlich, ob dieser Stammbaum niemals die Grundlage einer Mythologie gewesen ist, sondern sich vielmehr aus dem Versuch ergeben hat, die verschiedenen Verwandtschaftsverhältnisse unter den Göttern und den Riesen im Sinne einer Sippe anzuordnen.

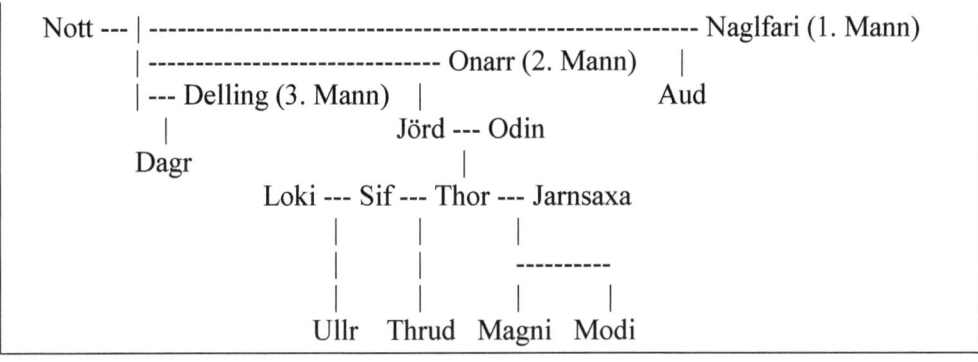

Da die drei Ehen der Nott einen Zyklus darstellen, kann man diesen Stammbaum vereinfachen:

Nagelfari, Onarr und Delling sind derselbe Mann.

Jörd und Aud sind ebenfalls identisch miteinander. Sie sind die wiedergeborene Nott.

Dagr ist der wiedergeborene Naglfari/Onarr/Delling. Da Odin die Stelle des Tyr-Dag-Delling eingenommen hat, ist auch er mit Dag identisch.

Durch die zyklische Wiedergeburt sowohl des Sonnengottes als auch der Sonnenmutter werden diese beiden zu Geschwistern, deren Vereinigung daher ungewollt zu einem Inzest wird (siehe „Inzest" in Band 51).

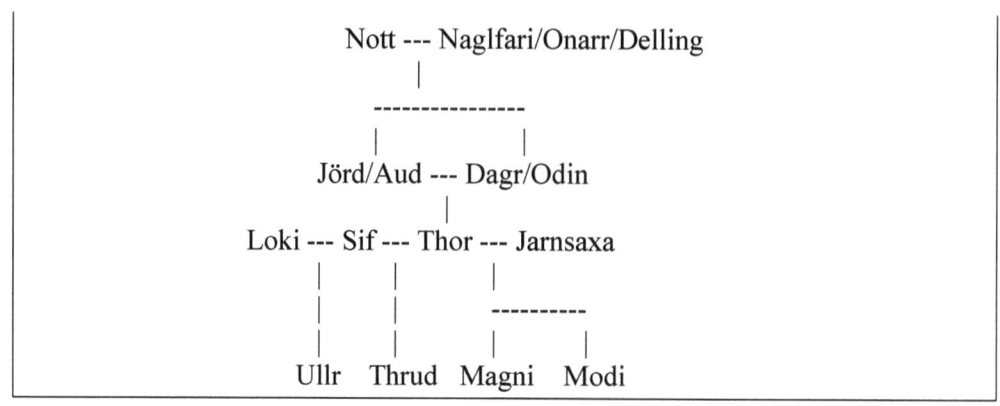

```
            Nott --- Naglfari/Onarr/Delling
                          |
              -----------------
              |               |
            Jörd/Aud --- Dagr/Odin
                          |
          Loki --- Sif --- Thor --- Jarnsaxa
              |       |       |
              |       |    ----------
              |       |       |       |
            Ullr   Thrud   Magni   Modi
```

1. l) Huldar-Saga

In dieser Sage erscheint Jörd nicht mehr als Göttin, sondern als zauberkundige Seherin. Auch die Erdgöttin Hlodyn wurde in dieser Sage zu einer Zauberin-Seherin mit dem Namen „Huldar".

In dieser Landschaft wohnte die zauberkundige Jörd mit ihren Töchtern Eik und Embla auf einem Hof, der nach ihr Jardardalr („Jörd-Tal") hieß. Die Dänen nannten ihn aber später Herthudal und erwiesen der Jörd göttliche Ehren.

Hier ist die Göttin Jörd entsprechend der damaligen (christlichen) Ansicht als vergöttlichte Seherin interpretiert worden.

... ...

Gyllingr, der erste Besitzer dieser Landschaft, hatte einen Sohn Namens Grani, der zu Gyllingstadir nahe bei Sigtunir wohnte. Bei ihm hielten sich die Halbriesen Rudi, Vignir und Vandlir auf, Söhne des Hrisungr und Verwandte der Jörd.

... ...

Von hier aus schickte Odin die Gefjun nach Schweden, welche nun von Gylfi für ihn Seeland bekam. Da Odin hörte, dass hier die kürzlich verstorbene Jörd verehrt werde, gab er sie für seine erste Frau und den Thor für ihrer beider Sohn aus und sicherte dadurch auch sich selber ein größeres Ansehen.

1. m) Odins Rabenzauber

In diesem Lied wird eine Göttin oder Riesin in der Unterwelt mit dem Namen „Jorunn" genannt, die vermutlich mit „Jörd" identisch ist.

„Jorunn" ist möglicherweise der Beiname oder eine Kenning der Erdgöttin oder der Norne Urd, da er sich wahrscheinlich aus „Jörd" für „Erde" und aus „Rune" für „Zeichen, Geheimnis" zusammensetzt und daher „Erd-Geheimnis", „Erd-Rune" oder vielleicht auch „Erd-Zauberin" bedeutet.

Der Name kann jedoch auch als „jor-unnr", d.h. „Eber-Woge" gedeutet werden.

So sahen die Asen
den Zustand der Jorunn:
überschwemmt von Sorgen,
als keine Antwort von ihr kam.

Sie drängten stärker,
als die Antwort verweigert wurde,
doch all ihre Worten
waren ohne Nutzen.

Der Skalde hat in diesem Lied sechs Göttinnennamen benutzt und sie miteinander gleichgesetzt: Urd, Idun, Nauma, Hel, Gefion und Jorunn sowie indirekt auch noch Nanna.

Kenning-freie Übersetzung der Strophe: *„So sahen die Asen die Göttin: überschwemmt von Sorgen. Sie gab ihnen keine Antwort. Sie drängten sie noch mehr zu antworten, doch all ihre Worte waren vergeblich."*

1. n) Das andere Gudrun-Lied

In diesem Lied wird ein von der zauberkundigen Grimhild gebrauter Trank beschrieben, der den Trinkern gezielt einige Dinge vergessen läßt. Es handelt sich also um ein magisches Pharmazeutikum für eine partielle Amnesie.

Gudrun:
„Grimhild brachte den Becher mir dar,
Den kalten, herben, daß ich Harms vergäße;
Hinein war gemischt die magische Kraft der Jörd,
Eiskalte See und Schweine-Blut.

In das Horn hatten sie alle Arten von Runen
Geritzt und gerötet; ich erriet sie nicht.
Einen Heide-Fisch aus der Haddinge Land,
Ungeschnittne Ähre und Eingeweide von Tieren.

Im Gebrauten beisammen war Bosheit viel,
Blüten von Bäumen und geröstete Eicheln,
Tau des Herdes und geweihte Eingeweide,
Schweinsleber, die den Schmerz betäubt.

Da vergaß ich, als sie mir den Trank reichten,
dort in meiner Halle, den Mord an meinem Gatten."

In diesem Lied wird gesagt, daß die Erde magische Kräfte besaß.

Ein Teil der Zaubertankzutaten aus diesem Rezept läßt sich aus den germanischen Mythen heraus erklären:

1. „Schweinsleber", „Schweineblut"

Zunächst einmal scheint es das Opfer eines Schweines gegeben zu haben, das normalerweise bei Bestattungen stattfand. Auch in Walhalla essen die toten Krieger das Fleisch des Ebers Sährimnir, der nach jeder Schlachtung neu entsteht, was eine Umdeutung der Wiedergeburtssymbolik ist.

2. „Tiereingeweide", „geweihte Eingeweide"

Tiereingeweide wurden zu Orakelzwecken benutzt. Diese Eingeweide könnten durchaus von den geopferten Schweinen gestammt haben.

Diese Zaubertrank-Zutat stammt wie die vorige auch aus dem Kult der Germanen.

3. „ungeschnittene Ähren", „geröstete Eicheln", „Blüten von Bäumen"

Die „ungeschnittenen Ähren" klingen nach einem Erntezauber, bei dem die Ähren des Getreides nicht verletzt, sondern nur ausgerupft werden durften.

Die „gerösteten Eicheln" könnten ein Nahrungsmittel sein – aus ihnen wurde Brei, Kuchen und Eichelkaffee hergestellt.

Die „Blüten von Bäumen" klingen nach einer symbolischen Zutat. Sind die Blüten bei den Germanen möglicherweise wie bei anderen Völkern auch als die wiedergeborenen Seelen am Weltenbaum aufgefaßt worden?

4. „Heide-Fisch aus dem Landes der Haddinge"

Ein „Heide-Fisch" ist eine Schlange. Die Hadding waren wie die Nibelungen ein mythisches Volk, das auf die Toten im Jenseits zurückgeht – die Toten sind die

„langhaarigen Nifelheim-Leute" („Haddinge" = Langhaarige; „Nibelungen" = „Nebel-Leute"; „Nifelheim" = Nebelheim = Unterwelt).

Der „Heide-Fisch aus dem Land der Haddinge" ist somit ein Totengeist in der Gestalt einer Schlange oder eines Drachen, der in einem Hügelgrab wohnt.

Der Trank ist also mit dem Jenseits assoziiert worden.

5. „Tau des Herdes = Asche"

Der „Tau des Herdes" ist die Asche. Dieser Rückstand eines Brandes könnte sich auf das Bestattungsfeuer beziehen, aber auch allgemein als Symbol des Todes („totes und zerstörtes Holz") aufgefaßt worden sein.

Die Schlange bzw. der Drache und die Asche gehören zum Jenseits.

6. „eiskalte See"

Vermutlich ist hier nicht das „eiskalt", sondern das Wasser des Meeres das Wesentliche – vielleicht war die Kraft des Meeres ein Bestandteil des Zaubertrankes. Auch eine Assoziation zu der Wasserunterweltsgöttin Ran ist denkbar.

7. „magische Kraft der Jörd"

Zu der Kraft des Meeres kommt nun noch die Kraft der Erdgöttin bzw. der Erde hinzu. Es wäre auch Assoziation zu der Hügelgrab-Jenseitsgöttin Hel denkbar.

8. „herb und kalt"

Das Herbe in diesem Trank könnte von den gerösteten Eicheln stammen und das Kalte von dem Meerwasser – aber diese Geschmacks-Beschreibung könnte auch einfach von Bier inspiriert worden sein.

9. „in das Trinkhorn geritzte und mit Blut gerötete Runen"

Die Runen werden die Zauberkraft, die sich aus den Zutaten des Trankes ergab, verstärkt haben.

10. „den Schmerz betäubende Zutaten", „Vergessen", „Bosheit in den Zutaten"

Die Wirkung des Zaubertrankes wird hier recht genau als Schmerz-Betäubungsmittel angegeben, wobei das „Vergessen" zeigt, daß es sich hier eher um eine Art magisches Psychopharmaka handelt.

Die „Bosheit", die in den Zutaten liegt, ist vermutlich eine spätere Umdeutung der magischen Kraft in dem Zaubertrank.

1. o) Hyndla-Lied

Es ist auffällig, daß drei der Zaubertrank-Zutaten aus dem Gudrun-Lied auch in bei der Beschreibung der Geburt des Heimdall im „Hyndla-Lied" auftreten:

Eine wurde geboren / in vergangenen Tagen,
Einer von dem Stamm der Götter, / – Groß war seine Macht! –
Neun Riesinnen / am Rand der Erde
Gebaren den Mann, / der so Waffen-mächtig war.

Dort gebar ihn Gjalp, / dort gebar ihn Greip,
Eistla gebar ihn, / und Eyrgjafa,
Ulfrun gebar ihn, / und Angeyja,
Imth und Atla, / und Jarnsaxa.

Stark wurde er / durch die Stärke der Jörd,
durch die eiskalte See / und durch das Blut der Schweine.

Einer wurde dort geboren, / der Beste von allen,
Und stark wurde er / durch die Stärke der Jörd;
Der Stolzeste wird er genannt, / dieser Verwandte der Menschen,
von allen Herrschern / in der ganzen Welt.

Heimdall ist ein ursprünglich ein Beiname des ehemaligen Sonnengott-Göttervaters Tyr gewesen. Er wird am Morgen aus der Erde oder aus dem Meer wiedergeboren – darauf wird sich die „Stärke" der Jörd beziehen, die im Gudrun-Lied als „magische Macht" umschrieben wird.

Die neuen Riesinnen sind die Jenseitsgöttin – die „9" war bei den Germanen auch ein Adjektiv mit der Bedeutung „zum Jenseits gehörend". Diese neun Riesinnen sind daher mit der Erdgöttin Jörd identisch, die als Sonnenmutter auch eine Jenseitsgöttin gewesen ist, da die Sonne von ihr am Morgen aus der Unterwelt heraus wiedergeboren wurde.

1. p) Die Vision der Seherin

Statt der Kenning „Sohn der Jörd" könnten auch die beiden Kenningar „Sohn der Fiörgyn" und „Sohn der Hlodyn" verwendet werden. Dies zeigt, daß die Erdgöttin Jörd mit diesen beiden Riesinnen identisch gewesen ist.

Da kommt geschritten Hlodyns Sohn,
Wider den Wurm wendet sich Odins Sohn.
Mutig trifft ihn Midgards Segner.
Doch fährt neun Fuß weit Fiörgyns Sohn
Weg von der Natter, die nichts erschreckte.
Alle Wesen müssen die Weltstatt räumen.

1. q) Vellekla

Dieses Loblied hat der Skalde Einarr Klingel-Waage für Jarl Hakon verfaßt. Eine Strophe aus ihm wird auch in der Saga über König Harald Tryggvason zitiert.

Das Folgenden ist die Übersetzung von einmal 4 Strophen und einmal 2 Strophen aus der Vellekla, die insgesamt 37 Strophen lang ist.

Jarl Hakon ist ein überzeugter Anhänger der alten germanischen Religion gewesen. Er ließ die zuvor zerstörten germanischen Tempel wieder aufbauen.

Jarl Hakon der Gute und Weise,
erbaute all die Tempel,
er erbaute Thors Tempel aufs neue,
die überall im Land zerstört worden waren.

Seine kühnen Krieger, die auf dem Schlachtfeld
in der Ebene starben,
können nun Thor dem Donnergott berichten,
daß nun für die Götter alles wieder gut wird.

Der starke Krieger opfert nun wieder
das Blut-Opfer;
der Schild-Träger ruft nun wieder
in Lokis Spiel Odins Namen an.

Die grüne Jörd gibt wieder ihre Gaben
so wie es in den alten Zeiten gewesen ist,
da der tapfere Speer-Brecher
die heiligen Schreine neu errichtet hat.

... ...

Der Feind deren, die flohen,
frug die Götter auf der Ebene um Rat
und erhielt die Antwort,
daß der Tag schlachten-günstig war:

Da sah der Schlachten-Lenker,
wie mächtig die Stark-Rippen waren:
die Götter des Tempels
verminderten die Leben in Gotland.

„Stark-Rippen" ist eine unklare Kenning für „Götter" – vielleicht: „die mit dem starken Atem"?

1. r) Skaldskaparmal

In der Beschreibung die Namen der Erde führt Snorri Sturluson die folgende Strophe an:

'Hlodyn', so wie Stab-Steinn gesungen hat:

Ich erinnere mich daran,
wie die düstere Jörd einst
für den Fortgeber der Worte der Dänen
der Knochen der Hlodyn mit aufgegrabenem Mund gähnte.

Hlodyn = eine Erdgöttin
Jörd = Erdgöttin; Das Adjektiv „myrk" für „düster" wurde eng mit dem „Düster-wald" („myrkvid") assoziiert, durch den man ins Jenseits gelangte.
Hlodyn = Erde; Knochen der Erde = Felsen; Felsen-Dänen = Riesen; Worte der Riesen = Gold; Fortgeber des Goldes = freigiebiger Fürst
Jörds gähnender Mund = der gähnende Mund der Erde = das offene Grab oder der offenstehende Eingang des Hügelgrabes

1. s) Skaldskaparmal

In der Beschreibung der Namen der Erde führt Snorri Sturluson noch eine zweite Strophe an:

28

'Gepriesener', wie Hallvadr gesungen hat:

Unter dem Hasel der Jörd gibt es keinen Gepriesenen,
der dem Herrn der Mönche näher ist als Du.
Der Brecher der Worte
des Königs der Erde rettete die Dänen.

Hasel der Jörd = Weltenbaum
Herr der Mönche = Gott, Christus
Erde = Felsen; Felsen-König = Riese; Worte der Riesen = Gold, Brecher des Goldes
= großzügiger König

1. t) Kenningar

Die Jörd-Kenningar und auch die mit dem Namen „Jörd" gebildeten Kenningar beziehen sich alle auf Jörd als Erde oder auf die Verwandtschaftsverhältnisse der Jörd:

Asin	*Jörd*		Snorri Sturluson	Thulur
			Kampf-Glumr Eyolf-Sohn	Lausavisur
			anonym	Placitusdrapa
			Harekr der Denker	Lausavisur
			Hallfredr Ärger-Skalde Ottar-Sohn	Hakonardrapa
Jörd	*Mutter des Feindes der Riesen*	Riesen-Feind = Thor	Eyvindr Skalden-Verderber Finnson	(Skaldskaparmal)
Jörd	*einzige Tochter des Onarr*		Hallfredr Ärger-Skalde	(Skaldskaparmal)
Jörd	*breitgesichtige Braut des Odin*	breit = weites Land	Hallfredr Ärger-Skalde	(Skaldskaparmal)
Jörd	*Ende des Strandes*		Thjodolfr von Hvini	(Skaldskaparmal)
Jörd	*Schwester des Audr*	'	Hallfredr	(Skaldskaparmal)
Jörd	*minderjährige Nebenfrau der Rindr*		Thjodolfr von Hvini	(Skaldskaparmal)
Jörd	*Braut des Odin*		Bragi der Alte	Ragnarsdrapa

Jörd	*grüne Frau des Speer-Tyr*	Speer-Tyr = Odin	Sturla Thordarson	Hakonarkvida
Jörd	*Geliebte des Wolfs-Feindes*	Wolf = Fenrir; Wolfs-Feind = Odin	Snorri Sturluson	Hattatal
Jörd	*Frau des Freundes des Mimir*	Freund des Mimir = Odin	Snorri Sturluson	Hattatal
Jörd	*Mutter des Feindes der Troll-Frauen*	Feind der Trollfrauen = Thor	Snorri Sturluson	Hattatal
Jörd	*Mutter des Schlangen-Angreifers*	Schlange = Jörmungandr; Schlangen-Angreifer = Thor	Snorri Sturluson	Hattatal
Frigg	*Nebenfrau der Jörd*		Snorri Sturluson	Skaldskaparmal
Thor	*Jörds Sohn*		Ölvir der Dieb	(Skaldskaparmal)
			Thjodolfr von Hvini	Haustlöng
			Olvir Hnufa	Fragmente
Erde	*Jörd*	Erdgöttin	Snorri Sturluson	Thulur
Hel	*Tief-Jörd*	Tiefe = Unterwelt	-	Zoëga: Wörterbuch
Hori-zont	*Himmel-Jörd*	Zusammentreffen von Himmel und Erde	-	Zoëga: Wörterbuch
Meer	*Gürtel der Jörd*	Das Meer umgibt Midgard (Jörd) wie ein Gürtel oder ein Halsreif	Sturla Thordarson	Hrafnsmal
Meer	*Halsreif der Jörd*		Rögnvald-Jarl Koli Kolsson	Lausavisur
Meer	*Jörd des Ati*	Jörd = Erdgöttin; Ati = Seekönig (unpräzise Kenning)	Oddi der Kleine	Lausavisur
Frau	*Jörd des Falken-Schiffes*	Falkenschiff = Unterarm; die Kenning ist unvollständig und müßte „Schlange des Falken-Schiffes" (Gold) o.ä. lauten	Harekr i Thottu	Lausavisur

1. u) Zusammenfassung

„Jörd" bedeutet „Erde" und Jörd ist die Erdgöttin. Sie ist die Mutter des Thor und steht daher in Parallele zu den übrigen Geliebten des Odin: Frigg, Gridr, Rindr und Gunnlöd. Jörd wird daher wie diese auch eine Unterwelts-Göttin gewesen sein.

Als Erd- und Unterweltsgöttin war sie auch die Mutter des Gottes Dag, der den Tag, d.h. die Sonne verkörpert, die des Morgens von der Erde am östlichen Horizont geboren wurde. Der Vater des Dag ist passenderweise Delling, der „Tagesanbruch".

Da der Sonnengott ein Aspekt des ehemaligen Göttervaters Tyr gewesen ist, vereinte sich auch dessen Nachfolger Odin mit Jörd, die daraufhin Thor gebar. Vereinzelt gab es Ansätze dazu, Jörd zu einer Tochter des Odin umzudeuten, um sie diesem unterzuordnen – dieser Vorgang findet sich bei mehreren Muttergöttinnen.

In der Huldar-Saga wurde Jörd schließlich als zauberkundige Seherin angesehen, was der allgemeinen Tendenz bei der Umformung der Mythen zu Sagen entspricht.

Später wurde Jörd zusammen mit einigen anderen Tageszeit-Gottheiten zu einer „Tageszeit-Götterfamilie" zusammengefaßt.

Jörd wurde auch mit den Namen „Hlodyn" und „Fiörgyn" bezeichnet. Möglicherweise wurde Jörd auch „Jorunn" („Erd-Geheimnis" oder „Eber-Woge") genannt.

2.   Skadi

Skadi und Jörd sind die beiden bekanntesten Erdgöttinnen.

2. A   Der Name Skadi

Skadi ist die „Skandinavien-Göttin".

2. A a)   Die Bedeutung des Namens „Skadi"

Der Name „Skadi" ist verwandt mit dem deutschen Wort „Schatten" und dem englischen Wort „shade". Dieses Wort fehlt als normales Substantiv in den überlieferten altnordischen Texten – aber es wird es wohl wie in den anderen Sprachen, die der Sprache der Wikinger nah verwandt sind wie z.B. das Angelsächsische, ebenfalls gegeben haben.

Der germanische Ursprung von „Skadi" lautet „skaduz". Die indogermanische Wurzel dieses Substantives ist das Wort „skot" für „Schatten, Dunkel".

Die Namen „Skandinavien" und „Skaney" (die Provinz „Schonen" in Südschweden) sind beide mit dem Wort oder dem Namen „skadi" gebildet worden – „skadinavia" bzw. „Skadi-ey". Beide Worte bedeuten entweder „Schatten-Insel" oder „Skadi-Insel".

Es läßt sich nur schwer entscheiden, ob Skandinavien und Schonen nach Skadi benannt worden sind oder ob Skadi eine Personifizierung des Landes Skandinavien ist.

In beiden Fällen ergibt sich jedoch zum einen, daß Skadi eine wichtige Riesin/Göttin gewesen sein muß, und zum anderen, daß Skadi wie Jörd, Fiörgyn und Folde eng mit der Erde assoziiert worden ist.

Als drittes wird Skadi aufgrund der Bedeutung ihres Namens wohl auch mit dem „Schatten-Reich", also mit der Unterwelt, assoziiert worden sein.

Skadi sollte von ihrem Namen her folglich eine Erdgöttin und Unterweltsgöttin sein, was ein in der germanischen Religion gut bekannter Göttin-Typ ist.

2. A b) origo gentis langobardorum

In dieser um ca. 650 n.Chr. niedergeschriebenen Legende über den Ursprung der Langobarden ("Langbärte") wird der Name "Skandinavien" erwähnt, was vermuten läßt, daß es damals auch schon die Göttin Skadi gegeben hat. Ob die Deutung dieses Wortes durch den Schreiber zutrifft, ist zumindestens fraglich.

Dort gibt es eine Insel, die Scadanan genannt wird, was in den Ländern des Nordens, in denen viele Menschen wohnen, als „Zerstörung" gedeutet wird.

2. B Skadi Thiazi-Tochter

Die Mythen der Skadi sind im Vergleich zu denen der anderen Erd- und Jenseits-göttinnen der Germanen ausgesprochen vielfältig. Dies spricht dafür, daß sie zum einen eine wichtige Göttin gewesen ist und daß sie zum anderen auch bis in relativ späte Zeit hinein verehrt worden ist, wodurch ihre Mythen weniger stark verändert worden sind und sie ihre Eigenständigkeit vor allem gegenüber dem neuen Götter-vater Odin besser bewahren konnte.

2. B a) Hyndla-Lied

In diesem Lied wird Skadi als die Tochter des Riesen Thiazi bezeichnet. Der Name „Thiazi" ist neben „Tiu", „Tiuz", „Teiwaz" u.ä. eine der vielen Varianten des Namens „Tyr" des ehemaligen Göttervaters. Skadi ist somit wie Jörd, Thrudr und Bödwild eine Tochter des Göttervaters und wird wie diese drei anderen Göttinnen/Riesinnen/ Walküren ursprünglich die Wiederzeugungs-Geliebte und die Wiedergeburts-Mutter des Göttervaters Tyr im Jenseits gewesen sein.

Hyndla:
Freyrs Frau war Gerth, die Tochter des Gymir,
aus der Brut der Riesen, und Aurboda trug sie aus,
diesen war auch Thiazi verwandt,
der die Finsternis liebende Riese; seine Tochter war Skadi.

Gymir ist Tyr als Riese in der Unterwelt. Gymir und Thiazi sind nicht nur verwandt,

33

sondern identisch miteinander.

Die Finsternis ist die Unterwelt, in der sich Thiazi befindet.

2. B b) Grimnir-Lied

Thiazi und seine Tochter Skadi lebten in Thrymheim. Der Riese Thrym ist einer der vielen Beinamen des „Tyr im Jenseits".

Der Name „Thrymheim" bedeutet vermutlich „Haus am Rand". Mit diesem „Rand" wird das Gebirge rings um das Weltmeer gemeint sein, in dessen Mitte die Menschenwelt Midgard wie eine Insel liegt – für die Wikinger war die Welt noch eine Scheibe. Dort am Rand des Himmels sitzt auch der Adler-Riese Hraesvelgr, der der Seelenvogel des Göttervaters Tyr und später des Odin ist.

Dieses „Haus am Rand" wird mit Odins Halle „Walaskialf" („Toteninsel") identisch gewesen sein und ebenso mit der Halle, über die die Seherin im Wegtam-Lied sagt, daß dort Wali geboren wird: *„Rinda wird Wali in den Hallen des Westens gebären".*

Diese „Halle am westlichen Himmelsrand" ist der Ort des Sonnenuntergangs und somit auch der Ort, an dem der Sonnengott-Göttervater Tyr in die Unterwelt eingeht. Rinda und Skadi, die als Töchter des Göttervaters ebenfalls in dieser Halle wohnen, werden ursprünglich die Besitzerin dieser Halle gewesen sein, als sie noch die Muttergöttin und Jenseitsgöttin gewesen sind. Diese Halle entspricht auch der Halle der Hel.

Skadi wird somit sowohl die Wiederzeugungs-Geliebte als auch die Wiedergeburts-Mutter des Tyr-Thiazi gewesen sein, bevor sie zu seiner Tochter umgedeutet wurde, um sie ihm unterzuordnen.

Thrymheim heißt die sechste (Halle)*, wo Thiazi hauste,*
Jener mächtige Jote.
Nun bewohnt Skadi, die scheue Götterbraut
Des Vaters alte Festung.

2. B c) Gylfis Vision

Die Vorstellung, daß Skadi die Tochter des Thiazi-Tyr ist, ist in der Religion der Wikinger fest verankert:

34

Niörds Frau heißt Skadi und ist die Tochter des Riesen Thiassi. Skadi wollte dort wohnen, wo ihr Vater gewohnt hatte, nämlich auf den Felsen in Thrymheim.

Diese „Felsen" sind das Randgebirge von Utgard rings um das Weltmeer, auf dem die Riesen wohnen.

2. B d) Hymir-Lied

Der Riese Hymir ist der Vater des Tyr. Da aufgrund der Symbolik von Wiederzeugung und Wiedergeburt der „Vater" mit dem „Sohn" identisch war, ist Hymir somit der „alte Göttervater am Abend" und Tyr der „junge Göttervater am Morgen".
In diesem Lied werden zwei Frauen in dem Haushalt des Hymir beschrieben:

Der Sohn fand die Ahne, die er ungern sah;
Sie hätte der Häupter neunmal hundert.
Eine andre kam allgolden hervor,
Weißbrauig, und brachte das Bier dem Sohn.

Der „Sohn" ist Tyr. Seine „Ahne" ist demnach seine Mutter – oder evtl. seine Großmutter. Ihre 9x100 Köpfe werden eine „Vergrößerung" der „9" sein, die die Zahl des Jenseits ist. Seine Ahne ist somit eine Jenseitsgöttin. Aufgrund ihres schrecklichen Aussehens wird sie wohl eine Form der Hel sein.
Die „allgoldene, weißbrauige Frau" erinnert an die Riesin Gerdr, von der ebenfalls einige „Leucht-Phänomene" beschrieben werden. Die Farbe „gold" läßt vermuten, daß sie als Mutter der Sonne und somit des Sonnengott-Göttervaters Tyr angesehen worden ist.
Die beiden Frauen sind daher wahrscheinlich lediglich zwei verschiedene Aspekte derselben Göttin: die finstere Herrin des Totenreiches, die den am Abend gestorbenen Göttervater empfängt, und die Geliebte, mit der sich der Göttervater bei seiner Wiederzeugung vereint. Diese zwei Seiten finden sich auch in der Darstellung der Hel, die in „Gylfis Vision" als *„halb schwarz, halb menschenfarbig"* geschildert wird: Sie sieht auf der einen Seite wie ein lebendiger Mensch und auf der anderen Seite schwarz wie eine Tote aus.
Diese „allgoldene, weißbrauige Frau" wird vermutlich mit Skadi und auch mit Gerdr identisch sein.
Sie wurde später in den Märchen zu Schneewittchen, Goldmarie, Schneeweißchen, Rapunzel und noch zu einigen anderen schönen jungen Frauen.

2. B e) Skaldskaparmal

Die Geschichte der Skadi beginnt mit der Ermordung ihres Vaters Thiazi-Tyr durch die Asen.

Er begann seine Erzählung damit, daß drei Asen auszogen, Odin, Loki und Hönir. Sie fuhren über Berge und öde Marken, wo es um ihre Kost übel bestellt war. Als sie aber in ein Tal herabkamen, sahen sie eine Herde Ochsen; da nahmen sie einen der Ochsen und wollten ihn sieden.

Und als sie glaubten, daß er gesotten wäre, und den Sud aufdeckten, war er noch ungesotten. Und zum zweitenmal, als sie den Sud wieder aufdeckten, nachdem einige Zeit vergangen war, fanden sie ihn noch ungesotten.

Da sprachen sie unter sich, wovon das kommen möge.

Da hörten sie oben in der Eiche über sich sprechen, daß der, welcher dort sitze, schuld sei, daß der Sud nicht zum Sieden komme.

Als sie hinschauten, saß da ein Adler, der war nicht klein.

Der Adler in dem Baum über dem Feuer, auf dem die drei Asen einen Stier kochen, ist ursprünglich der Opferaltar unter dem Weltenbaum gewesen, auf dem der Adler-Seelenvogel des Göttervaters sitzt, für den der geopferte Stier bestimmt ist.

Da sprach der Adler: „Wollt ihr gestatten, daß ich mich von dem Ochsen sättige, so soll der Sud sieden."

Das sagten sie ihm zu.

Da ließ er sich vom Baum nieder, setzte sich zum Sud und nahm sogleich die zwei Lenden des Ochsen vorweg mit beiden Bugen.

Da wurde Loki zornig, ergriff eine große Stange und stieß sie mit aller Macht dem Adler in den Leib. Der Adler wurde scheu von dem Stoße und flog empor. Da haftete die Stange in des Adlers Rumpf; aber Lokis Hände an dem andern Ende.

Diese „Stange" ist die Leimrute, mit der in den alten Mythen der Sommergott Tyr-Geirröd den Falken-Seelenvogel des Wintergottes Loki gefangen und ihn die drei Sommermonate über in eine Kiste, d.h. in die Grabkammer eines Hügelgrabes (Lokis viertüriges Hügelhaus) eingesperrt hat.

Der Adler flog so nah am Boden, daß Loki mit den Füßen Gestein, Wurzeln und Bäume streifte; die Arme aber, meinte er, würden ihm aus den Achseln reißen.

Er schrie und bat den Adler flehentlich um Frieden.

Der aber sagte, Loki solle nimmer loskommen, er schwöre ihm denn, Idun mit ihren Äpfeln aus Asgard zu bringen.

Das bewilligte Loki.

Da ward er los und kam zurück zu seinen Gefährten; und diesmal wurde von dieser Reise mehr nicht erzählt bis sie heimkamen.

Idun steht in dieser Mythe in derselben Position wie in anderen „Raub-Mythen" Freya, Freyas Brisingamen, Sif, Sifs Haar, Odins Ring Draupnir und Andvaris Ring. Der Ursprung dieser „Raub-Mythen" ist der Streit zwischen dem Sommergott Tyr und dem Wintergott Loki um die Göttin und ihr Wiedergeburts-Symbol.

Da in der Skaldskaparmal bereits Odin der Göttervater ist und Thiazi bereits zu einem gegnerischen Riesen umgedeutet worden ist, findet sich hier eine neue Konstellation: Thiazi/Loki gegen Odin/Asen.

Zur verabredeten Zeit aber lockte Loki Idun aus Asgard in einen Wald, indem er vorgab, er habe da Äpfel gefunden, die sie Kleinode dünken würden; auch riet er ihr, ihre eigenen Äpfel mitzunehmen, um sie mit jenen vergleichen zu können. Da kam der Riese Thiassi in Adlershaut dahin, ergriff Idun und flog mit ihr fort gen Thrymheim, wo seine Heimstatt war.

Die Asen aber befanden sich übel bei Iduns Verschwinden, sie wurden schnell grauhaarig und alt. Da hielten sie Versammlung und einer frug den andern, was man zuletzt von Idun wisse. Das letzte, was man von ihr gesehen hatte, war, daß sie mit Loki aus Asgard gegangen war.

Da wurde Loki ergriffen und zur Versammlung geführt, auch mit Tod oder Peinigung bedroht. Da erschrak er und versprach, er wolle nach Idun in Jötunheim suchen, wenn Freyja ihm ihr Falkengewand leihen wolle.

Als er das erhielt, flog er nordwärts gen Jötunheim und kam eines Tags zu des Riesen Thiazi Behausung. Er war eben auf die See gerudert und Idun war allein daheim.

Da wandelte Loki sie in Nußgestalt, hielt sie in seinen Klauen und flog was er konnte. Als aber Thiazi heimkam und Idun vermißte, nahm er sein Adlerhemd und flog Loki nach mit Adlersschnelle.

Als aber die Asen den Falken mit der Nuß fliegen sahen und den Adler hinter ihm drein, da gingen sie hinaus unter Asgard und nahmen eine Bürde Hobelspäne mit. Und als der Falke in die Burg flog und sich hinter der Burgmauer niederließ, warfen die Asen alsbald Feuer in die Späne. Der Adler vermochte sich nicht innezuhalten, als er den Falken aus dem Gesicht verlor: also schlug das Feuer ihm ins Gefieder, so daß er nicht weiterfliegen konnte. Da waren die Asen bei der Hand und töteten den Riesen Thiassi innerhalb des Gatters; allbekannt ist dieser Totschlag.

Das Feuer, in dem Thiazi-Tyr starb, ist sowohl das Bestattungsfeuer als auch die Waberlohe als Jenseitsgrenze sowie möglicherweise auch das als Feuer gedeutete Abendrot. Das Feuer ist somit auf drei Weisen mit dem abendlichen Tod des

Sonnengott-Göttervaters Thiazi-Tyr verbunden.

Aber Skadi, des Riesen Thiassi Tochter, nahm Helm und Brünne und alles Hausgerät und fuhr gen Asgard, ihren Vater zu rächen.

Skadi wird an dieser Stelle offenbar als eine Kriegerin oder eine Walküre angesehen.

Die Geschichte wird im folgenden Kapitel fortgeführt.

2. C   Skadi und Loki

Skadi hat ein spezielles Verhältnis zu dem Jenseitsgott Loki. Die Wurzel der Verbindung zwischen den beiden Gottheiten liegt in dem Kampf des Sommergottes Tyr mit dem Wintergott Loki um die Muttergöttin begründet, durch den die Jahreszeiten erklärt werden: Wenn die Göttin bei dem Göttervaters lebt und seine Frau ist, ist es Sommer; wenn sie jedoch von Loki entführt worden und seine Frau ist, herrscht in der Welt Winter.

Diese Mythe wird ausführlicher in dem Band 16 über „Loki" dargestellt.

2. C a)   Skaldskaparmal

In dem Skaldenkunst-Lehrbuch wird die Geschichte der Skadi weitererzählt:

Da boten ihr die Asen Ersatz und Buße. Zum ersten sollte sie sich einen der Asen zum Gemahl wählen, aber ohne mehr als die Füße von denen zu sehen, unter welchen sie wähle.

Da sah sie eines Mannes Füße vollkommen schön und rief: „Diesen kies ich. Baldur ist ohne Fehl."

Aber es war Niördr von Noatun.

Baldur ist der Sohn des Odin und er ist der Gott der Germanen, der am deutlichsten ein Wiedergeburtsgott ist. Skadi, die Tochter des Tyr, die ursprünglich seine Jenseits-Geliebte gewesen sein wird, sucht nach dem Tod des Göttervaters nach dessen Wiedergeburt, also nach Baldur, um dessen Geliebte zu werden. Bei dem Sonnengott-Göttervater sind Wiederzeugung und Wiedergeburt ein zyklischer Vorgang, der jede Nacht stattfindet. Dadurch ist der Göttervater jeden Tag neu (sein eigener Sohn), aber zugleich immer derselbe.

Njörd war der Göttervater der Wanen. Möglicherweise ist der Übergang der Skadi von Thiazi zu Njörd auch ein Motiv, das die Asen und die Wanen miteinander verbinden sollte.

Diese Folge von Verhältnissen zwischen einer Göttin und den verschiedenen „Göttervätern" entspricht genau der Auffassung der Indogermanen vom Königtum, dessen Grundlage die Vereinigung des angehenden Königs mit der Muttergöttin bei seiner Krönungs-Jenseitsreise ist. Diese Göttin symbolisierte u.a. auch das Land selber. Die Könige haben somit die Wiederzeugungs-Symbolik aus den Bestattungsritualen und aus den Mythen des Sonnengott-Göttervaters auf sich selber übertragen.

Die Wahl des Bräutigams nur anhand seiner Füße ist zunächst einmal verwunderlich. Es gab jedoch bei den Indogermanen und auch bei anderen Völkergruppen, die ebenfalls von den frühen Ackerbauern in Mesopotamien abstammen, die Vorstellung des Sonnengottes als eines Wanderers, bevor er ein Bootsfahrer war und danach auf einen Streitwagen umstieg und am Ende dann zu einem Reiter wurde. In der ursprünglichen Sonnenwanderer-Mythe gab es das Motiv des im Jenseitsfluß verlorenen Schuhs, das sich u.a. bei dem griechischen Helden Jason, im Märchen „Aschenputtel" und in einem mit „Aschenputtel" fast identischen Märchen bei den alten Ägyptern findet. Varianten dieses Themas sind der „besondere Schuh" wie der „Eisenschuh" des Asen Widar oder der Schuster-Beruf des keltischen Sonnengottes Lugh.

Da der fehlende oder besondere Schuh ein sicheres Kennzeichen des Sonnengott-Göttervaters gewesen ist, lag es für Skadi nahe, ihren neuen Mann, also den wiedergeborenen Thiazi nach seinen Füßen auszuwählen. Da sie ursprünglich auch die Wiedergeburts-Mutter des neuen Göttervaters gewesen ist, müßte sie ihn zwar auch ohne nach seinen Schuhen zu schauen erkennen, aber dieser Zusammenhang ist damals schon in Vergessenheit geraten – der Sonnen-Wanderer ist hingegen noch immer bekannt gewesen.

Eine der Vergleichsbedingungen der Skadi war auch, daß die Asen es dahin bringen sollten, daß sie lachen müsse; sie glaubte, das würden sie nicht zuwege bringen.

Da befestigte Loki eine Schnur an dem Bart einer Ziege und das andere Ende an seinen Hoden, wodurch sie hin und her gezogen wurden und beide laut schrien vor Schmerz. Drauf ließ sich Loki in Skadis Schoß fallen. Sie lachte und somit war ihre Aussöhnung mit den Asen vollbracht.

Die Hoden des Loki weisen daraufhin, daß es hier um eine sexuelle Symbolik handelt. Der Ziegenbock war ein beliebtes Opfertier bei Bestattungen, bei der die Zeugungskraft des Bocks auf den Toten übertragen wurde, damit sich dieser erfolgreich wiederzeugen konnte. Die Muttergöttin nahm jeweils die Gestalt des entsprechenden weiblichen Tieres an, das ihre Fruchtbarkeit verkörperte.

Die Schnur von dem Bart des Ziegenbocks zu den Hoden des Loki ist eine ganz konkrete Verbindung zwischen der Zeugungskraft des Bockes und der des Loki.

Das Schreien des Loki und das Lachen der Skadi wird man wohl als Orgasmus, d.h. als erfolgreiche Wiederzeugung deuten dürfen.

Zwischen die Verbindung der Skadi mit Thiazi-Tyr und ihrer Verbindung mit Njörd wird somit eine Verbindung mit Loki eingeschoben, was der Vorstellung über den zyklischen Wechsel des Sieges zwischen dem Sommergott Tyr und dem Wintergott Loki und die dadurch verursachten Jahreszeiten entspricht.

Durch die Verbannung des Tyr als feindlicher Riese in die Utgard-Unterwelt haben sich die Bezüge zu den Aufenthaltsorten verdreht. Die ursprünglichen Orte sind in der folgenden Tabelle kursiv beigefügt.

Die Zeiten, in der Skadi bei dem Göttervater war, sind hellgrau hinterlegt – sie sind die Sommer. Die Zeiten, in denen Skadi bei dem Jenseitsgott Loki war, sind dunkelgrau hinterlegt – sie sind die Winter.

Skadi und der Göttervater				
Göttin	*Gott*	*Aufenthaltsort*	*Ereignis*	*Jahreszeit*
Skadi	Thiazi-Tyr	Thrymheim in Utgard *(ursprünglich: Diesseits)*		Sommer
			Entführung der Idun, Altern der Asen, Tod des Thiazi-Tyr	Herbst
Skadi	Loki	Asgard *(ursprünglich: Jenseits)*	Vereinigung (Wiederzeugung): Bock/Hoden	Winter
			Einigung zwischen Skadi und den Asen	Frühling

Es wird gesagt, daß Odin zur Buße noch Thiazis Augen nahm, sie an den Himmel warf und zwei Sterne daraus bildete.

Skadi hat drei Bedingungen gestellt, die ursprünglich zusammen die Wiederzeugung und die Wiedergeburt des Göttervaters gewesen sind:

- einen der Asen als Mann = der wiedergeborene Göttervater
- die Asen bringen sie zum Lachen = Wiederzeugung
- Thiazi bzw. seine Augen kommen an den Himmel = der Sonnengott-Göttervater kehrt morgens bzw. im Frühjahr an den Himmel zurück = Wiedergeburt des Göttervaters

Diese beiden „Sterne" werden Sonne und Mond gewesen sein, die als die Augen des ehemaligen Sonnengott-Göttervaters Tyr angesehen worden sind.

2. C b)   Ragnarsdrapa

Die Szene mit den Augen, die an den Himmel geworfen werden, finden sich auch schon in der um ca. 840 n.Chr. verfaßten in der Ragnarsdrapa.

Er warf die toten Augen
des Thiazi, des Vaters der Skadi,
in die weiten Becken des Windes
über den Heimstätten der vielzahligen Menschen-Sippen.

Leider wird in diesem Lied nicht gesagt, wer „er" ist, weshalb man nur vermuten kann, daß es sich auch in diesem Vers um Odin handelt.

2. C c)   Lied des Skalden Thordr Sjareksson

In der folgenden Strophe fügt Thordr vier Themen aus den Mythen und Sagen in einem Doppelvers hintereinander, ohne daß ein inhaltlicher Zusammenhang zwischen ihnen erkennbar wäre. Zu ihnen gehört auch die Ehe zwischen Njörd („Wane") und Skadi („Gottes-Braut").

Gudrun tötete böse
ihre eigenen Söhne.
Die weise Gottes-Braut
an der Seite des Wanen trauerte.
Die Männer sagen,
daß Odin Rosse gut zähmte.
Man sagte nicht, daß Hamdir
beim Schwert-Spiel zurückhaltend sei.

Gudruns Söhne sind ihre beiden Kinder von dem Hunnenkönig Atli.
Die Gottesbraut ist Skadi; der Wane ist Njörd.
Das Rosse-Zähmen des Odin ist ansonsten nicht bekannt.
Hamdir wird hier als mutiger Krieger bezeichnet (Schwert-Spiel = Kampf).

41

2. C d)   Lokasenna

In diesem Lied streiten Skadi und Loki miteinander, wobei sich zeigt, daß sie kein einfaches Verhältnis zueinander haben – was allerdings für das Verhältnis aller Götter zu Loki gilt …

Skadi:
„Lustig bist Du, Loki; doch Du wirst nicht lange
Mit losem Schweif spielen,
Da Dich die Götter bald mit Därmen
Auf die scharfe Kante des kalten Felsens binden werden.“

Diese Drohung bezieht sich auf Lokis Fesselung durch die Asen nach seiner Überlistung des Hödur zum von ihm nicht beabsichtigten Mord an seinem Bruder Baldur.

Loki:
„Wenn sie mich auch bald mit Därmen
Auf die scharfe Kante des reifkalten Felsens binden werden,
So war ich doch der erste und auch der eifrigste,
Als es Thiazi zu töten galt.“

An dieser Stelle klingt der endlose zyklische Kampf zwischen dem Sommergott Tyr-Thiazi und dem Wintergott Loki an, durch den die Jahreszeiten entstehen.

Skadi:
„Da Du der erste und auch der eifrigste warst,
Als es Thiazi zu töten galt,
Soll aus meinem Hof und Heiligtum
Immer kalter Rat Dir kommen.“

Loki:
„Gelinder sprachst Du zu Laufeyjas Sohn,
Als Du mich auf Dein Lager ludst.
Dessen gedenk ich nun, da es genauer gilt
Unsre Untaten zu nennen.“

„Laufeyas Sohn“ ist Loki.

In diesen Versen wird deutlich, daß die Deutung der „Ziegenbock-Hoden-Szene“ als Vereinigung von Loki und Skadi zutrifft.

2. C e)   Gylfis Vision

Die Fesselung des Loki nach seinem indirekten Mord an Baldur wird in „Gylfis Vision" detailliert beschrieben.

In diesem Text wird auch berichtet, daß Skadi Rache an Loki dafür nahm, daß er besonders eifrig war, ihren Vater Thiazi zu ermorden. Diese Ermordung des Göttervaters Tyr durch Loki ist das Ende des Streites zwischen den beiden im Herbst, da Lokis Herrschafts-Zeit der Winter ist.

Da nahmen die Asen seine Därme und banden den Loki damit über die drei Felsen: der eine stand ihm unter den Schultern, der andere unter den Lenden, der dritte unter den Kniegelenken; die Bänder aber wurden zu Eisen.

Da nahm Skadi einen Giftwurm und befestigte ihn über ihm, damit das Gift aus dem Wurm ihm ins Antlitz träufelte. Und Sigyn, sein Weib, steht neben ihm und hält ein Becken unter die Gifttropfen.

Und wenn die Schale voll ist, da geht sie und gießt das Gift aus; derweil aber tropft ihm das Gift ins Angesicht, wogegen er sich so heftig sträubt, daß die ganze Erde schüttelt, und das ist es, was man Erdbeben nennt.

Dort liegt er in Banden bis zur Götterdämmerung.

Während Loki in der Unterwelt bei Hel-Sigyn gefesselt liegt, ist es Sommer. Sobald er jedoch bei der „Götterdämmerung" wieder frei wird, bricht der Fimbulwinter („Großer Winter") an.

2. D   Skadi, die Frau des Njörd

In dem nächsten Teil der Geschichte der Skadi wird nun ihre Ehe mit Njörd beschrieben.

2. D a)   Heimskringla

In der Heimskringla wird die Eheschließung zwischen Njörd und Skadi nur kurz erwähnt:

Njörd nahm eine Frau, die Skade genannt wurde.

2. D b) Gylfis Vision

König Gylfi berichtet in seiner Vision über ernsthafte Eheprobleme zwischen Njörd und Skadi, die sich nicht lösen ließen:

Niörds Frau heißt Skadi und ist die Tochter des Riesen Thiassi. Skadi wollte dort wohnen, wo auch ihr Vater gewohnt hatte, nämlich auf den Felsen in Thrymheim, aber Niörd wollte sich bei der See aufhalten.

Da einigten sie sich darauf, daß sie neun Nächte in Thrymheim und dann andere drei in Noatun sein wollten.

„9" ist die Zahl des Jenseits, aber auch der Winter dauerte nach nordgermanischer Zeitrechnung 9 Monate und der Sommer entsprechend nur 3 Monate. Daher wird dieser zyklischen Wechsel zwischen dem Gebirge (Winter) und dem Meer (Sommer) wohl eine Umdeutung des Wechsels der Jahreszeiten sein.

Aber als Niörd von den Bergen nach Noatun zurück kam, sang er:

„Leid sind mir die Berge; nicht lange war ich dort,
Nur neun Nächte.
Der Wölfe Heulen war mir widrig
Verglichen mit dem Singen der Schwäne."

Aber Skadi sang:

„Ich kann nicht ich am Ufer des Meeres schlafen
Wegen dem Lärm der Vögel;
Da weckte mich vom Wasser kommend
Jeden Morgen die Möwe."

Da zog Skadi nach den Bergen und wohnte in Thrymheim.

2. D c) Gesta danorum

In dieser „Geschichte der Dänen" erscheinen die beiden Lieder des Njörd und der Skadi als Klagen des Hadding und seiner Frau. Hadding ist einer der Sagen-Nachfolger des Göttervaters Tyr.

„Warum verharre ich in diesem finsteren Versteck, in den Falten der zerklüfteten Hügeln und fahre nicht mehr zur See wie früher?

Das ständige Heulen der Wolfsrudel und die klagenden Schreie der Raubtiere, die zum Himmel aufsteigen, und die fürchterlichen unruhigen Löwen rauben mir alle meinen Schlaf. Übel sind die Berghänge und die Einöden für die Herzen, die wildere Arbeit zu tun gewöhnt waren. Die nackten Felsen und das zerklüftete Land versperren den Geistern, die das Meer lieben, den Weg.

Es wäre ein besseres Leben, die Meerengen zu durchrudern, in geraubten Gütern zu schwelgen, das Gold der anderen für meine Truhe zu holen, mich über die zur See erlangeten Schätze zu ergötzen – als in rauhen Ländern und endlosen Wäldern und öden Ebenen zu wohnen."

Da sagte ihm seine Frau, die das Leben auf dem Land liebte und die die Meer-Gesänge der Seevögel leid war, mit den folgenden Versen, welch große Freude ihr die Wanderungen durch das Waldland bereiteten:

„Die schrillen Vogelschreie stören mich, wenn ich an der Küste bin und ihr Geschwätz ärgert mich so sehr, daß ich nicht schlafen kann. Der laute Lärm ihres geschäftigen Treibens raubt meinen schlafenden Augen die sanfte Ruhe – die lautschreiende Seemöwe erträgt es nicht, mich in der Nacht schlafen zu lassen und zwingt meinen zarten Ohren ihre ermüdende Geschichte auf. Wenn ich mich niederlege, erträgt sie es nicht, daß ich mich erfrische und lärmt mit der klagenden Melodie ihrer Unheil-verkündenden Stimme.

Sicherer und süßer erscheinen mir die Freuden der Wälder.

Wo könnten die Früchte der Ruhe am Tag und in der Nacht noch weniger leicht zu ernten sein als wenn man bei der ruhelosen, endlos bewegten See verharrt?"

Die Tabelle, in der die Geschichte der Göttin Skadi und die mit ihrem Schicksal verknüpften Jahreszeiten dargestellt wurde, läßt sich nun um ihre Ehe mit Njörd ergänzen:

Skadi und der Göttervater				
Göttin	*Gott*	*Aufenthaltsort*	*Ereignis*	*Jahreszeit*
Skadi	Thiazi-Tyr	Thrymheim in Utgard *(ursprünglich: Diesseits)*		Sommer
			Entführung der Idun, Altern der Asen, Tod des Thiazi-Tyr, Loki wird frei, Ragnarök/Fimbulwinter	Herbst
Skadi	Loki	Asgard *(ursprünglich: Jenseits)*	Vereinigung (Wieder-zeugung): Bock/Hoden	Winter
			Einigung zwischen Skadi und den Asen	Frühling
Skadi	Njörd	Noatun am Meer *(ursprünglich: Diesseits)*		Sommer
			Umzug nach Thrymheim	Herbst
Skadi	Njörd	Thrymheim in Utgard *(ursprünglich: Jenseits)*		Winter
			Umzug nach Noatun	Frühling
Skadi	Njörd	Noatun am Meer *(ursprünglich: Diesseits)*		Sommer
			Umzug nach Thrymheim	Herbst
Skadi	Njörd	Thrymheim in Utgard *(ursprünglich: Jenseits)*		Winter
			Umzug nach Noatun	Frühling
Skadi	Njörd	Noatun am Meer *(ursprünglich: Diesseits)*		Sommer

2. D d) Huldar-Saga

In dieser Saga wird nur erwähnt, daß sich Njörd und Skadi schließlich trennten.

Njördr hatte die Skadi zur Frau, eine Tochter des Riesen Thjassi, die sich aber aus Liebe zu den Bergen von ihm trennte.

2. E   Skadi und Ullr

Ullr ist ein Gott des Winters. Seine Kennzeichen sind sein Schild und sein Bogen. Wahrscheinlich ist er der Göttervater Tyr im Winter-Jenseits.

Für diese Deutung spricht unter anderem, daß Ullr in einigen Teilen Skandinaviens der wichtigste Gott gewesen ist und daß ihm Ringe geweiht und in seinem Tempel niedergelegt wurden, denn dies ist ein Brauch, der ansonsten nur mit dem Sonnengott-Göttervater verbunden ist.

Es gibt keine Mythen über Ullr und Skadi, aber die Ähnlichkeiten zwischen den beiden lassen vermuten, daß es sie zu demselben mythologischen Thema gehört haben. Die Gemeinsamkeiten zwischen Ullr und Skadi bestehen darin, daß sie beide Winter-Gottheiten, Jenseits-Gottheiten, Ski-Fahrer und Bogenschützen sind und beide zudem einen engen Bezug zu dem Göttervater haben.

2. E a)   Gylfis Vision

Skadi ist wie Ullr eine Gottheit, die auf Skiern fährt bzw. auf Schneeschuhen läuft:

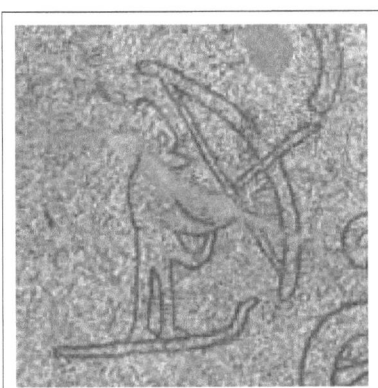

Ullr auf dem Runenstein von Böksta, Schweden, 1150 n.Chr.

Da zog Skadi nach den Bergen und wohnte in Thrymheim. Da jagt sie oft auf Schneeschuhen mit ihrem Bogen nach Tieren. Sie heißt Schneeschuhgöttin oder Öndurdis.

Der Name „Öndurdis" setzt sich aus „öndur" für „Schneeschuh" und aus „dis" für „Göttin" zusammen. Das Wort „Dis" entspricht dem lateinischen „dea" und dem indischen „deva". „Schneeschuh-Göttin" ist somit die deutsche Übersetzung von „Öndurdis".

Der entsprechende Name des Ullr ist „Öndurass", also „Schneeschuh-Ase"

2. E b)   Haustlöng

In diesem Lied wird Thiazi als „Lehrer der Ski-Asin" umschrieben, womit seine Tochter Skadi gemeint ist.

In diesem Zeilen wird die Szene beschrieben, in der Loki an dem Stab festklebte, dessen anderes Ende an dem Riesen Thiazi in Adlergestalt festhaftete.

Die Last in den Armen der Sigyn,
die all die Mächte
in ihren Fesseln betrachten,
hing an dem Lehrer der Ski-Asin fest.

Die „*Last in den Armen der Sigyn*" ist Loki, der von seiner Frau Sigyn vor dem Gift der Schlange geschützt wird, nachdem die Asen Loki gefesselt und Skadi über ihm eine Giftschlange befestigt hatte. Die „*Mächte*" sind die Asen.

2. E c)   Haustlöng

In diesem Lied wird das Wort „Stier", den Odin, Loki und Hönir am Beginn der Thiazi-Mythe opfern, kunstvoll mit „der Wal der Bogensehnen-Var" umschrieben:
        - „Var" ist eine Göttin,
        - eine „Bogensehnen-Göttin" ist eine Bogengöttin; aufgrund der Analogie zu Ullr ist dies wahrscheinlich Skadi,
        - der „Wal" ist die Beute der Skadi, womit hier ein Stier gemeint ist

Der gnädige Herr der Erde
bat Farbautis Sohn
rasch den Wal der Bogensehnen-Var
unter den Gefährten aufzuteilen.

Der „Herr der Erde" ist Odin. „Farbautis Sohn" ist Loki. Die „Gefährten" sind Odin, Loki und Hönir.

Skadi könnte dieser Kenning zufolge auch Jagd-Göttin gewesen sein – aber das ist unsicher. Da Ullr ursprünglich „Tyr im Jenseits" gewesen ist, wären diese beiden Analogien der Skadi zu Ullr (Skier, Bogen) recht plausibel.

2. F Skadi, die Frau des Odin

Nach der Trennung von Njörd lebte Skadi mit Odin zusammen.

2. F a) Heimskringla

Diese „Geschichte der norwegischen Könige" berichtet nur sehr kurz über die Ehe zwischen Odin und Skadi:

Njörd nahm eine Frau mit dem Namen Skade, aber sie wollte nicht bei ihm leben und heiratete später Odin, von dem sie viele Söhne empfing.

Odin als der neue Göttervater der Germanen durfte offenbar in der Reihe der Göttervater-Ehemänner der Skadi nicht fehlen. Skadi ist das beständige Element in dieser endlosen Folge von Tod und Wiedergeburt.

2. F b) Haleygjatal

In diesem Lied erscheint Skadi als die Frau des Odin.

Und zu dem von den Skalden Verehrten (Odin)*:*
den Tributzahlungs-Erhalter (König Saemingr) *gebar*
dem Asen-Sohn (Odin)
die Eisenwald-Frau (Skadi),
als das glanzvolle Paar
in Menschen-Heim (Midgard = Welt),
der Krieger-Freund (Odin)
und Skadi, wohnten.

Die See-Knochen (Felsland am Meer =Skandinavien)
und viele Söhne
gab die Schneeschuh-Dise (Skadi)
dem Odin,
die damals an dem fernsten Ort
des Gegners des Edlen (norwegischer König),
des Feindes des Belis (Freyr)
wohnen wollte (Skadi-Njörd-Saga).

49

Der „Eisenwald“ ist das Jenseits.

Diese Gedicht würde ohne die Kenningar in etwa wie folgt lauten: *„Odin erzeugte den Jarl, als er noch zusammen mit Skadi hier unten in der Menschenwelt wohnte. Sie hatten viele Söhne und Drachenboote.“*

Die Biographie der Skadi läßt sich nun um eine weitere Episode ergänzen:

Skadi und der Göttervater				
Göttin	***Gott***	***Aufenthaltsort***	***Ereignis***	***Jahreszeit***
Skadi	Thiazi-Tyr	Thrymheim in Utgard		Sommer
			Iduns Entführung, Altern der Asen, Tod des Thiazi, Loki wird frei, Ragnarök/Fimbulwinter	Herbst
Skadi	Loki	Asgard	Vereinigung (Wieder-zeugung): Bock/Hoden	Winter
			Einigung Skadi / Asen	Frühling
Skadi	Njörd	Noatun am Meer		Sommer
			Umzug nach Thrymheim	Herbst
Skadi	Njörd	Thrymheim in Utgard		Winter
			Umzug nach Noatun	Frühling
Skadi	Njörd	Noatun am Meer		Sommer
			Umzug nach Thrymheim	Herbst
Skadi	Njörd	Thrymheim in Utgard		Winter
			Umzug nach Noatun	Frühling
Skadi	Njörd	Noatun am Meer		Sommer
			Umzug nach Thrymheim	Herbst
Skadi	Njörd	Thrymheim in Utgard		Winter
			Trennung Skadi / Njörd	Frühling
Skadi	Odin	(König von) Dänemark *(ursprünglich: Diesseits)*		Sommer

2. G   Skadi, die Mutter der norwegischen Könige

Die Könige der Germanen und auch fast aller anderen Völker faßten sich durch die Symbolik der Wiederzeugung und der Wiedergeburt bei der Jenseitsreise, die das Kernstück des Krönungsrituals gewesen ist, als der wiedergeborene Göttervater auf.

Eines der bekanntesten Beispiel für dieser weltweit verbreiteten Symbolik ist vermutlich die Pharaonin Hatschepsut, die in ihrem Tempel schreiben ließ, daß ihre Mutter in der Nacht von dem Sonnen- und Reichsgott Amun-Re geschwängert wurde und darauf sie geboren habe. Aus dieser Symbolik stammen Titel wie „Sohn der Sonne", „Sohn des Himmels", „Gottes Sohn" u.ä., die sehr weit verbreitet sind.

Die Könige Norwegens faßten sich als die Nachkommen des Odin und der Skadi auf. Skadi ist daher in rituell-religiöser Hinsicht die Mutter aller norwegischen Könige bis hin zu dem heutigen König Harald V.

2. G a)   Heimskringla

Der erste norwegische König ist zumindestens in dem halbmythologischen Geschichtswerk „Heimskringla" Saeming Odin-Sohn gewesen.

Njörd nahm eine Frau mit dem Namen Skade, aber sie wollte nicht bei ihm leben und heiratete später Odin, von dem sie viele Söhne empfing, von denen einer Saeming genannt wurde.

... ...

Bis zu diesem Saeming rechnete Hakon der Große seine Ahnenreihe zurück.

2. G b)   Huldar-Saga

In der Huldar-Saga wird lediglich bestätigt, daß Odin und Skadi gemeinsame Kinder hatten:

Inzwischen kam König Vanlandi, begleitet von Gnapi, einem Sohn des Skolpnir und der Sylgja, einer Schwester des Vikings Mysingr, auf einer ostwärts unternommenen Heerfahrt zu einem alten Steinbewohner, der ihm zum Dank für ein Geschenk den dreifachen Rat gab, nie nach Finnland zu fahren und jedenfalls dort kein Weib zu nehmen, wenn er es aber doch tun würde, den Finnen getreulich sein Wort halten und überdies sich vor den Nachkommen Odins und der Skadi wohl hüten solle, da diese ihm und seinem Hause gefährlich seien.

Die zyklische Geschichte der Skadi und ihrer Verbindungen mit den Göttervätern sowie den norwegischen Königen läßt sich nun vervollständigen:

Skadi und der Göttervater				
Göttin	*Gott*	*Aufenthaltsort*	*Ereignis*	*Jahreszeit*
Skadi	Thiazi-Tyr	Thrymheim in Utgard *(ursprünglich: Diesseits)*		Sommer
			Entführung der Idun, Altern der Asen, Tod des Thiazi-Tyr, Loki wird frei, Ragnarök/Fimbulwinter	Herbst
Skadi	Loki	Asgard *(urspr.: Jenseits)*	Vereinigung (Wieder-zeugung): Bock/Hoden	Winter
			Einigung zwischen Skadi und den Asen	Frühling
Skadi	Njörd	Noatun am Meer *(ursprünglich: Diesseits)*		Sommer
			Umzug nach Thrymheim	Herbst
Skadi	Njörd	Thrymheim in Utgard *(ursprünglich: Jenseits)*		Winter
			Umzug nach Noatun	Frühling
Skadi	Njörd	Noatun am Meer *(ursprünglich: Diesseits)*		Sommer
			Umzug nach Thrymheim	Herbst
Skadi	Njörd	Thrymheim *(urspr.: Jenseits)*		Winter
			Umzug nach Noatun	Frühling
Skadi	Njörd	Noatun *(urspr.: Diesseits)*		Sommer
			Umzug nach Thrymheim	Herbst

Skadi	Njörd	Thrymheim *(urspr.: Jenseits)*		Winter
			Trennung von Skadi und Njörd	Frühling
Skadi	Odin	(König von) Dänemark *(ursprünglich: Diesseits)*		Sommer
			Tod des Odin	Herbst
Skadi	Odin	(König von) Dänemark *(ursprünglich: Jenseits)*	Bestattung des Odin	Winter
			Thronbesteigung des Saeming-Odin-Sohn	Frühling
(Skadi)	König	Norwegen *(urspr.: Diesseits)*	Herrschaft des Saeming	Sommer
			Tod des Saeming	Herbst
(Skadi)	König	*Norwegen (urspr.: Jenseits)*	Bestattung des Saeming	Winter
			Thronbesteigung des Sohnes des Saeming	Frühling
(Skadi)	König	*Norwegen (urspr.: Diesseits)*	Herrschaft des Saeming-Sohnes	Sommer
usw. usw. usw.				
(Skadi)	König	*Norwegen (urspr.: Jenseits)*	Harald V (seit 1991)	Sommer

2. H Skadi-Marnar

In den beiden Liedern „Thorsdrapa" und „Haustlöng" wird Skadi auch „Marnar" oder „Mörn" genannt.

Dieser Name leitet sich vermutlich von „morna" für „Morgen" ab. Skadi-Marnar wird daher einst wie Gerdr die Muttergöttin gewesen sein, die am Morgen die Sonne gebiert. Auch bei Menglöd, deren Geliebter Svipdag („Tagesanbruch") ist, findet sich diese Symbolik.

Interessanterweise hat Skadi zwei sehr gegensätzliche Namen: „Skadi" bedeutet „Schatten", während „Marnar" den „Morgen" bezeichnet. Diese beiden Namen könnten Skadi-Marnar als die Göttin des Morgens und des Abends, des Diesseits und des Jenseits, des Lebens und des Todes, der Geburt und der Wiedergeburt kennzeichnen. Diese Symbolik findet sich am deutlichsten bei Hel, deren eine Körperhälfte von normaler, lebendiger Hautfarbe ist, während die andere die schwarze Farbe des Todes

53

hat: eine helle „Marnar“-Seite und eine dunkle „Skadi“-Seite.

Skadi-Marnar ist offenbar mit Aurboda („Lichtbotin“) identisch. sie ist die Wiedergeburts-Mutter des Delling („Tagesanbruch“).

2. H a)   Haustlöng

In der folgenden Strophe wird beschrieben, wie Thiazi als Adler den ihm von Odin, Loki und Hönir geopferten Stier frißt.

Der hungriger Vater der Marnar
aß gierig den Joch-Bären
an den Wurzeln einer Eiche
– das ist schon lange her.

„*Der hungrige Vater der Marnar*" ist offensichtlich Thiazi – er war der Vater der Skadi, die wohl mit der hier genannten „Marnar“ identisch ist.

Der „*Joch-Bär*" ist der Stier, der schon bei den Germanen den Pflug auf dem Acker ziehen mußte.

Die Eiche ist der Weltenbaum, unter dem die drei Asen dem Göttervater einen Stier geopfert haben.

2. H b)   Haustlöng

Am Ende dieses Liedes wird dieselbe Kenning noch einmal benutzt – diesmal bei der Verfolgung des Loki-Falken durch den Thiazi-Adler.

Der wütende Vater der Marnar
folgte mit kräftigem Spiel
der Feder-Klingen in einem Sturm
dem Nachkommen des Falken.

Der „*wütende Vater der Marnar*" ist Thiazi. „Marnar“ ist daher seine Tochter Skadi.

Die „*Feder-Klingen*" sind die Federn des Thiazi in Adler-Gestalt. Dies ist nicht wirklich eine Kenning, da das Gemeinte („Feder“) ein Bestandteil dieser Wortkombination ist. Die „*Klingen*" haben hier eher die Funktion eines Adjektivs, das den Charakter der Schwingen des Thiazi als bedrohlich kennzeichnen soll. Das „*kräftige Spiel der Feder-Klingen*" ist eine Kenning für „Flug".

„*Nachkomme des Falke*" ist sozusagen eine „Minimal-Kenning" für „Falke", der in diesem Zusammenhang wiederum eine Heiti für Loki ist, dessen Seelenvogel ein Falke ist.

2. H c)   Thorsdrapa

Die folgende Szene spielt bei Thors Durchquerung des Jenseitsflusses Wimur.

Der Verminderer von Mörns Kindern ließ
seine Macht bis zum Dach der Halle wachsen,
da das strömende Blut des Nackens des Thorn
sich nicht verminderte.

„Mörn" ist derselbe Name wie „Marnar". Offenbar hatte Skadi viele Kinder. Möglicherweise ist sie nicht nur als Mutter der norwegischen Könige angesehen worden, sondern wie die Göttin Folde auch als „fira modor", also als „Menschen-Mutter".

Mörn-Skadi wird hier anscheinend als die Urahnin der Riesen aufgefaßt, was dazu paßt, daß sie die Mutter, Frau und Tochter des Göttervaters ist.

Da „Mörn" hier als Riesin aufgefaßt wird, sind ihre „Kinder" eine Kollektiv-Bezeichnung für alle Riesen. Der „Verminderer der Riesen" ist Thor, der Thursen-Töter.

Die „Halle" ist in diesen Versen der Luftraum über der Erde. Das „Dach der Halle" ist die Himmelskuppel.

Thorn („Dorn" = Tyrs Schwert) ist auch ein Name des Urriesen Ymir. Nachdem er von den Asen getötet worden war, entstand aus seinem Blut das Weltmeer. Das Ausfließen des Blutes aus seinem Körper wird hier als Umschreibung für die reißende Strömung des Jenseitsflusses Wimur benutzt. Ymir ist hier wie auch an vielen anderen Stellen als der zeitlich gesehen „erste Riese" dem Tyr als dem rangmäßig gesehen „ersten Riesen" gleichgesetzt worden.

2. H d)   Mit „Marnar" gebildete Ortsnamen

Die Gemeinde Marnardal („Tal der Marnar") an der Südspitze Norwegens könnte sowohl nach Skadi-Marnar als auch nach dem „Morgen" benannt worden sein. Da es von Marnardal jedoch keinen freien Blick nach Osten gibt, weil es an der Südwest-

Seite Skandinaviens in dem Tal des Flusses Mandal liegt und man daher von Marnar-dal aus die Morgensonne nicht sehen kann, ist es wahrscheinlicher, daß die Göttin Skadi-Marnar die Wurzel dieses Namens ist.

2. I Skadi, die Jenseitsgöttin

Da die Toten in der Erde bestattet worden sind, sind die Erdgöttinnen fast immer auch Jenseitsgöttinnen.

2. I a) Heimskringla: Saga über König Harald Hart-Rat

In dieser Saga werden drei Träume berichtet, bei denen man kaum unterscheiden kann, ob sie das Vorhersehen der Zukunft sind oder das Miterleben des Fluches einer „Zauber-Frau", die an ihrem Wolfs-Reittier als Hel erkennbar ist und die sich selber auch als die Göttin Skadi bezeichnet, beschreiben.

Der Überlieferung zufolge bestand für die damaligen Menschen zwischen dem Vor-hersehen in einem Traum und dem Fluch der Hel auch kein großer Unterschied – man sah im Traum den Fluch der Hel und wußte daher, was in der nahen Zukunft geschehen würde.

So wie ein Fluch meistens durch die Einbeziehung einer Gottheit wirksam wurde, so ist auch das selbständige Handeln der Götter wirksam – und beides konnte den Menschen Schaden bringen.

Während sie in Solund vor Anker lagen, hatte Gyrd, ein Mann an Bord des Königs-Schiffes, einen Traum.

Er träumte, daß er auf dem Königs-Schiff stand und eine große Zauber-Frau mit einer Mistgabel in der einen Hand und einem Kübel in der anderen auf der Insel stehen sah.

Er träumte auch, daß er über die ganze Flotte hinweg blickte und daß ein Vogel am Heck eines jeden Schiffes saß und daß all diese Vögel Raben oder Adler (sie fraßen nach einer Schlacht die Leichen) *waren.*

Und die Zauber-Frau sang dieses Lied:

„ Vom Osten hole ich den König,
nach Westen bringe ich den König,
Viele edle Knochen werden dort liegen ...
Raben über Giukis Schiff –
Die Beute zu beäugen, paßt ihnen gut!
Auf dem Bugbalken reise ich mit ihnen!
Auf dem Bugbalken reise ich mit ihnen! "

Mit ihnen war auch ein Mann mit Namen Thord in einem Schiff, das nicht fern von dem des Königs lag. Er träumte eines Nachts, daß König Haralds Flotte Land erreichte und er wußte, daß dies England war. Er sah ein großes Heer-Aufgebot an Land und er träumte, daß beide Seiten miteinander zu kämpfen begannen und daß er viele Banner im Wind flattern sah.

Und vor dem Heer der Leute dieses Landes ritt eine große Zauber-Frau auf einem Wolf; und der Wolf hatte die Leiche eines Mannes in seinem Maul und Blut tropfte von seinen Lefzen herab. Und als er den einen Leib in seinem Maul aufgefressen hatte, warf sie einen weiteren in sein Maul und immer wieder einen neuen und er verschlang sie alle.

Und sie sang dies:

„ Skadis Adler-Augen
erblicken des Königs Unglück:
Obwohl glänzende Schilde
das grüne Feld bedecken,
erblickt sie des Königs Unglück.
Um das Schicksal dieses großen Königs zu verkünden,
werfe ich das Fleisch blutender Männer
in das haarige Maul und in den hungrigen Schlund!
In das haarige Maul und in den hungrigen Schlund! "

Auch König Harald träumte in einer Nacht, daß er in Nidaros wäre und dort seinen Bruder König Olaf traf, der ihm diese Verse sang:

„ In vielen Kämpfen
erstrahlte mein Name;
Männer weinten und berichteten,
wie Olaf fiel.
Dein Tod ist nah;
Deine Leiche wird, fürchte ich,
die Krähen füttern
und der Trollfrau Pferd (Wolf). "

Viele andere Träume und Vorherahnungen wurden erzählt und die meisten von ihnen waren düster.

2. J „Skadi" als Heiti für „Geliebte"

Die Riesin-Göttin Skadi muß vor allem als Geliebte der Götterväter bekannt gewesen sein (Wiederzeugungs-Symbolik), da ihr Name auch als Heiti (Umschreibung mit einem einzelnen Wort) für „Geliebte" verwendet werden konnte.

2. J a)   Cormac-Saga

Auf dieser Fahrt dichtete Cormac das folgende Lied:

„ O schüttle mir jenen Reim aus dem Schutzzelt,
Deinem Sänger ist es kalt an seinem Liegeplatz;
Denn die Hügel sind alle verhüllt, liebe Skadi,
in dem alten grauweißen Schleier in dem Fjord.
Der, den man den Schwinger des Donners nennt,
den wünschte ich genauso eisig und kalt;
aber er verläßt nicht die Seite seiner Dame
– genausowenig wie ein Lindwurm sein Gold verläßt. "

Die Liege- oder Schlafplatz und das Schutzzelt beziehen sich auf das große Zelt, das in der Mitte der Drachenboote aufgespannt wurde und unter dem die Wikinger schliefen.

2. K   Skadis Umdeutung zu einem Mann

2. K a)   Völsungen-Saga

In dieser Saga ist Skadi ein Mann.

Hier beginnt die Geschichte und erzählt von einem Mann, der Sigi genannt wurde und von dem die Leute sagten, daß er der Sohn des Odin sei. Es wird in der Geschichte auch von einem zweiten Mann berichtet, der Skadi heißt, ein großer Mann mit mächtigen Händen. Sigi war jedoch dem zufolge, was die Menschen zu seiner Zeit erzählten, der mächtigere und von edlerer Abstammung.

Nun hatte Skadi einen Leibeigenen, von dem die Geschichte auch etwas erzählen muß, Bredi mit Namen, der nach der Arbeit, die er verrichten mußte, benannt worden war; was seine Tapferkeit und die Stärke seiner Hände betrifft, war er Männern, die für edler gehalten wurden, ebenbürtig und sogar besser als manche von ihnen.

„Sigi" bedeutet „Sieger" – ein passender Name für einen Sohn des Kriegsgottes Odin, der selber oder durch seine Walküren alle Kämpfe entschied.

„Skadi" ist eigentlich eine Riesin, die ursprünglich einmal die Muttergöttin im Jenseits gewesen ist und an jeden Morgen bzw. an jedem Frühling den Sonnengott-Göttervater wiedergebar. Da auch das Krönungsritual eine Jenseitsreise mit einem symbolisch-rituellen Tod und einer ebensolchen Wiedergeburt gewesen ist, war Skadi auch die (mythologische) Mutter der Säminger und der Ynglinge, also der norwegischen und der schwedischen Könige. Der jeweilige (mythologische) Vater dieser Königsgeschlechter war Odin.

Skadi als ein Mann, der zusammen mit Odin am Beginn eines Helden-Geschlechtes erscheint, ist folglich eine Umdeutung eines älteren Motives. Möglicherweise ist hier der ehemalige Sonnengott-Göttervater Tyr als Mann der Skadi ebenfalls als „Skadi" benannt worden. Zu dieser vagen Deutung würde passen, daß Skadi der Gegner des späteren Odin-Schützlings Sigi ist.

„Bredi" bedeutet „Breite, ausbreiten". Seine Arbeit könnte daher die Heuwende, das Decken der Tische und ähnliche Arbeiten in Haus und Hof gewesen sein.

Nun wird erzählt, das Sigi einst auf Hirschjagd ging und der Leibeigene ihn begleitete und daß sie den ganzen Tag lang bis zum Abend Hirsche jagten. Und als sie am Abend ihre Beute zusammentrugen, da sahen sie, daß das, was Bredi erbeutet hatte, weit mehr und größer war als das, was Sigi erjagt hatte – und dies mißfiel Sigi sehr und er sprach, daß es ein großes Wunder sei, daß ein Leibeigener ihn bei der Hirschjagd übertreffen solle: Da fiel er über ihn her und tötete ihn und vergrub ihn in einer Schneewehe.

Dann ging er am Abend heim und sagte, daß Bredi von ihm fort in den Wild-Wald geritten sein. „Schon bald war er aus meinem Blick entschwunden," sprach er, „und ich habe ihn nicht wiedergesehen."

Viele der germanischen Sagas beginnen mit einem Traum über die Dinge, die kommen werden, mit einen Eid, den jemand ablegt, oder mit einem Verbrechen, das dann im folgenden gesühnt wird.

Skadi mißtraute der Geschichte des Sigi und glaubte, daß dies eine Lüge von ihm sei und daß er Bredi erschlagen hätte. Daher sandte er Männer aus, die ihn suchen sollten und schließlich fanden sie ihn am Ende ihrer Suche in einer gewissen Schneewehe.

Da sagte Skadi, daß die Menschen diese Schneewehe ab diesem Tag „Bredis Wehe" nennen sollten und dem sind die Menschen gefolgt, sodaß sie noch heute jede Schneewehe, die besonders groß ist, „Bredis Wehe" nennen.

Diese Form der Deutung der Bezeichnung von Dingen finden sich sehr häufig bei den Germanen. „*Bredis* (Schnee-)*Wehe*" bedeutet einfach „breite (Schnee-)Wehe", da „*Bredi*" die Bedeutung „breit" hat. Dieses Wort läßt sich aber natürlich auch als „(Schnee-)Wehe des Bredi" deuten – was in einer Sage auch mehr Sinn ergibt.

So wurde offenbar, daß Sigi den Leibeigenen erschlagen und getötet hatte. Daher wurde er zum Wolf an den heiligen Plätzen und durfte nicht mehr in dem Land seines Vaters bleiben.

„*Wolf*" war eine übliche Bezeichnung für eine Person, die in schwerer Weise das Gesetz gebrochen hatte und deshalb ausgestoßen wurde und nicht mehr am Thing und an den religiösen Ritualen teilnehmen durfte.

2. L Kenningar

Es sind nur zwei Kenningar bekannt, die mit Skadi zusammenhängen. Sie beziehen sich darauf, daß für Tyr Stiere geopfert wurden und daß Skadi die Tochter des Tyr-Thiazi ist.

Asin	*Skadi*		Snorri Sturluson	Thulur
Riesin	*Riesin des Tyr*	vermutlich Skadi	Eyvindr Skalden-Verderber	Lausavisur
Stier	*Wal der Bogensehnen-Var*	Var = Göttin; Bogen-Göttin = Skadi (Jägerin); Wal = Beutetier	Tjodolfr von Hvini	Haustlöng

2. M Zusammenfassung

„Skadi" bedeutet „Schatten" und ihr Beiname „Marnar" bedeutet „Morgen". Diese Riesin-Göttin hat somit zwei Seiten: eine helle Diesseits-Seite, in der sie „allgolden" und „weißbrauig" genannt wird, und eine dunkle Jenseits-Seite, die als „900-köpfig" (= Jenseitsgöttin) beschrieben wird. Ihre Licht-Seite gleicht der ebenfalls „leuchtenden" Gerdr und auch der Aurboda.

In ihrer hellen Gestalt ist sie im Sommer die Frau des Göttervaters und in ihrer dunklen Gestalt im Winter die Frau des Jenseitsgottes Loki. Der Streit zwischen dem Göttervater und Loki um diese Riesin/Göttin läßt die Jahreszeiten entstehen. Dieser zyklische Wechsel wird auch dadurch ausgedrückt, daß Njörd und Skadi abwechselnd neun Tage am Meer in Noatun und neun Tage im Gebirge in Thrymheim wohnen.

Skadi ist nicht nur die „Frau" dieser beiden Götter, sondern vor allem ihre Wiederzeugungs-Geliebte und ihre Wiedergeburts-Mutter. Ihr Verhältnis zu Loki wird in der Edda bereits als Fremdgehen angesehen, während sie nacheinander ganz „legal" die Frau des Thiazi-Tyr (der zu ihrem Vater umgedeutet wurde), des Njörd und des Odin sowie möglicherweise auch des Ullr gewesen ist. Auch der Gott Baldur zählt zu den wiedergeborenen Göttervätern, da Skadi ihn anhand seiner Füße finden wollte. Dieses Fuß-Motiv stammt aus der Vorstellung der Sonne als eines Wanderers, der am Abend im Jenseitsfluß einen seiner Schuhe verliert – Skadi hat folglich geschaut, welchem Asen ein Schuh fehlt.

Die Darstellung von Skadis Vereinigung mit Loki enthält noch das Motiv des zur Sicherung der Zeugungskraft des Toten geopferten Herdentiers – Loki bringt Skadi dadurch zum Lachen, daß er seine Hoden und den Bart eines Bockes mit einer Schnur aneinanderbindet.

Skadi war auch die Mutter des Saeming Odin-Sohn, der der mythische Begründer des norwegischen Königshauses ist.

Skadi gab ganz Skandinavien den Namen, weshalb man sie recht sicher wie die Riesinnen Jörd, Folde und Rindr auch als Erdgöttin ansehen kann, die als Wiedergeburts-Mutter zugleich auch die Jenseitsgöttin ist. Die Göttervätter gehen nach ihrem abendlichen Tod (und später auch die Könige bei ihrer Krönung) zu der Erd- und Jenseitsgöttin Skadi, mit der sie sich wiederzeugen und anschließend als ihr eigener Sohn, d.h. als der neue Göttervater bzw. der Thronfolger, von Skadi wiedergeboren werden.

Thiazis und Skadis Halle Thrymheim am Rand der Welt im Westen ist als Ort des Sonnenunterganges auch die Halle der Toten, in die auch der Sonnengott-Göttervater am Abend gelangt.

Die Vorstellung über Skadi als der Geliebten im Jenseits wurde auch auf das

Diesseits übertragen, sodaß „Skadi" als Umschreibung für „Geliebte" verwendet werden konnte.

Das Motiv des Aufhängens der Schlange über dem gefesselten Loki durch Skadi wird relativ neu und aus dem germanischen Rache-Ethos entstanden sein.

Skadi ist die Erde selber sowie die Göttin der Wiederzeugung und der Wiedergeburt in der Unterwelt. Der Sonnengott-Göttervater kommt jede Nacht zu ihr und wird von ihr am jedem Morgen wiedergeboren. Auch die Könige gelangen bei ihrer Krönungs-Jenseitsreise zu ihr und werden von ihr wiedergeboren, wodurch sie zu der Mutter aller König Norwegens wird: Das Land selber gebiert seine Könige. Wahrscheinlich wird Skadi auch als die Jenseitsmutter aller „normalen" Toten angesehen worden sein.

Diese „Hochzeit" der Könige mit der Landesgöttin bei ihrer Krönung ist von fast allen Indogermanen bekanntes Motiv.

3. Rindr

Rindr erscheint in den Liedern und Mythen der Germanen als Göttin und in den Sagas bzw. Historienbüchern als Königstochter im Osten. Dies ist eine allgemein übliche Beschreibung, da die Götter und Göttinnen der Mythen in den Sagen zu Königen und Königinnen wurden.

Da der Osten in den Sagas das Jenseits ist, ist Rindr vermutlich eine Jenseitsgöttin.

3. a) Der Name „Rindr"

Der Name „Rindr" läßt sich nicht aus dem altnordischen Vokabular erklären, da sich dort lediglich der Vogelname „rindill" („Zaunkönig") findet.

Im Urgermanischen gibt es jedoch das Wort „rinda", das „Rinde" bedeutet. Allerdings ist die Deutung von „Rindr" als „Rinden-Göttin" genausowenig plausibel wie die Deutung als „Zaunkönig-Göttin".

Das germanische „rinda" leitet sich von dem indogermanischen „rem" her, das „ruhen, stützen" bedeutet. Dies könnte die eigentliche Bedeutung des Namens „Rindr" sein, die dann wie Jörd eine Erdgöttin gewesen wäre, die die ruhende Grundlage aller Dinge ist.

Der Zaunkönig „rindill" wäre dann von den Wikingern als „Erdboden-Vogel" benannt worden, was mit seiner Lebensweise durchaus im Einklang steht.

Eine Verbindung mit dem deutschen Wort „Rind" ist unwahrscheinlich.

3. b) Thulur

Snorri Sturluson zählt in seinen Namens-Listen („Nafna-Thulur") Rindr zu den Asinnen.

Nun nenne ich
alle Asinnen-Namen:
Frigg und Freyja,
Fulla und Snotra,
Gerdr und Gefjun,
Gna, Lofn, Skadi,
Jörd und Idunn,
Ilmr, Bil, Njörun.

Hlin und Nanna,
Hnoss, Rindr und Sjöfn,
Sol und Saga,
Sigyn und Vör,
Var und Syn
sind die edlen Namen,
aber zum Schluß müssen noch
Thrudr und Ran genannt werden.

3. c)   Gylfis Vision

Snorri Sturluson zählt auch in seinem Bericht über die germanischen Gottheiten Rindr zu den Asinnen:

Auch Jörd, die Mutter Thors, und Rind, Walis Mutter, zählen zu den Asinnen.

3. d)   Sigurdardrapa

Um ca. 960 n.Chr. hat der Skalde Cormac eine Drapa verfaßt, in der er kurz eine Szene mit Odin und Rindr erwähnt. Dieser in der Skaldskaparmal überlieferte Vers ist die älteste Textstelle, die sich auf Rindr bezieht.

So sang Cormacr:
„Der Geber der Länder, der die Segel
an den Mast bindet, belohnt mit Goldringen den,
der des Gottes Vers-Met ausschenkt.
Odin schlug Rindr mit Seidir in seinen Bann."

Der „Geber der Länder" ist der Fürst des Landes. „Gottes Vers-Met" ist „Odins Skaldenmet". Das Ausschenken dieses Skaldenmets ist eine Umschreibung für das Vortragen von Liedern.

Die ersten drei Verse lauten ohne Kenningar: *„Der Schiff-reiche Fürst belohnt den Skalden mit Goldringen."*

Der letzte Vers lautet im Original *„Óðinn seið til Rindar".* Wort für Wort übersetzt bedeutet dieser kurze Satz: „Odin – verwendet Seidir – zu – Rinda".

„Odin" ist das Subjekt des Satzes, „seid" das Verb und „Rindar" das Objekt, das im Genitiv steht (Endung: „-ar").

Die Präposition „til" bedeutet „hin zu etwas", „von etwas" (Teil von etwas sein, zu etwas gehören), „an einem Ort", „auf" (in Kausalangaben wie 'auf jeden Fall'), „aus einem Grund", „wegen", „bis" (zeitlich wie das englische 'till'), „um zu" sowie „zu" (wie in 'zu viel'). Die Präposition gibt somit einen räumlichen, zeitlichen oder kausalen Zusammenhang zu einer Sache an, wobei das Objekt meistens der Zielpunkt der von dem Subjekt ausgeführten Handlung ist.

Odins „seid"-Tätigkeit bezieht sich also auf Rindr. Seidir (wörtlich „Siede-Kunst") ist ursprünglich das Brauen des rituellen Mets gewesen. Der „Bruder" des Seidir ist der „Gandr", das Singen von rituellen Liedern. Beide Begriffe wurde jedoch in der erhaltenen Überlieferung oft nicht mehr klar voneinander unterschieden, sondern generell im Sinne von „Zauber" benutzt.

Da ein Genitiv den Besitz einer Sache oder die Zugehörigkeit einer Sache zu jemandem oder etwas anderem anzeigt, stellt die Kombination der Richtungs-Präposition „til" zusammen mit einem Genitiv das Übertragen einer Sache zu jemand anderem dar, d.h. ein „geben". Odin scheint somit der Rindr den Seidir zu geben, d.h. er gibt ihr möglicherweise einen Seidir- „Zaubertrank" zu trinken – so ähnlich wie Tyr-Wieland der Bödhild einen Trank Met gibt, um sie verführen zu können.

Dies sieht wie die Umkehrung des Vorganges von Odins Trinken des Göttermets der Gunnlöd aus. Anscheinend ist diese Rindr-Mythe bereits nach dem Raub des Mets durch Odin angesiedelt – oder zumindestens so umgedeutet worden, daß Odin als der „Herr des Göttermets" erscheint.

In vier der acht erhaltenen Strophen des Lobliedes des Skalden Cormac an den Jarl Sigurd findet sich in der vierten Zeile der Strophe, also an ihrem Ende, ein Vers mit einer Aussage, der mit der übrigen Strophe nichts zu tun zu haben scheint.

Es stellt sich somit die Frage, welche Funktion diese vier Verse, zu denen auch der über Odin und Rindr gehört, im Zusammenhang mit diesem Loblied hat. Diese vier Verse sind in der folgenden Übersetzung dieses Liedes, deren Verse in der Skaldskaparmal und in der Heimskringla überliefert worden sind, fett gedruckt.

Die Reihenfolge der Strophen ist unsicher, da sie in der Skaldskaparmal einzeln zitiert werden. Lediglich Strophe drei und vier gehören hintereinander, da sie in der Heimskringla gemeinsam erscheinen.

Sohn des wahren Freundes des Harald,
öffne Dein Ohr und höre mich:
Ich beginne mein Lied, den Hefe-Strom
von Syrs schneebedeckten Ungeheuern.

Ich dichte eine Fülle von Lobliedern
für Hakons großen Sohn:
Ich zahle ihm das Lied-Sühnegeld der Götter.
Thor sitzt in seinem Wagen.

Niemand mangelt es an Teller oder Kelch,
keinen der Gäste, die den Großzügigen aufsuchen:
Sigurd den Freigiebigen, der seine Ahnenreihe
bis zu den Riesen zurückverfolgen kann.

Denn Sigurds Hand ist gefüllt und geöffnet;
er ist der Wächter der Tempel.
Er liebt die Götter, seine freigiebige Hand
verteilt seine Schwert-Ernte über das Land.

Der Geber der Länder, der die Segel
an den Mast bindet, belohnt mit Goldringen den,
der des Gottes Vers-Met ausschenkt.
Odin schlug Rindr mit Seidir in seinen Bann.

Der Pfahl des tödlichen Schwert-Zweiges
ist größer als die meisten
in dem Lärm der Pfeile; das Schwert erlangt
das Land für den furchtlosen Sigurd.

Der Kampf schwoll an, als sich der Krieger,
dieser frohgemute Fütterer des Fenrir,
mit Odins singender Feuerflamme mitten ins Getümmel stürzt.
Urd kommt aus der Quelle.

Ich bitte den verehrten Herrscher
von Yngvis Volk,
seine Bogen-schüttelnde Hand über mich zu halten.
Odin trug seinen Speer Gungnir bei sich.

Diese vier Schlußverse, die ohne Zusammenhang mit dem Loblied zu sein scheinen, stellen jeweils eine prägnante mythologische Szene dar:

> *Thor sitzt in seinem Wagen.*
> *Odin schlug Rindr mit Seidir in seinen Bann.*

Urd kommt aus der Quelle.
Odin trug seinen Speer Gungnir bei sich.

Ein Zusammenhang der vier mythologischen Verse mit den ihnen jeweils vorausgehenden drei Versen ist meist nur sehr vage, sodaß man ihn eher ahnen als erkennen kann:
- Thor könnte der Beschützer des Hakon sein.
- Odin könnte als der Brauer („seidr") des Skaldenmets aufgefaßt worden sein.
- Urd bestimmt das Schicksal der kämpfenden Krieger.
- Odin beschützt Hakon mit seinem Speer so wie Hakon den Skalden beschützt.

Es wäre denkbar, daß sich diese vier Verse auf Bilder in der Halle des Jarls Sigurd beziehen, der zusammen mit Hakon eine Renaissance des alten germanischen Glaubens in dem zunehmend christianisierten Skandinavien anstrebte. Über solche Bilder wird auch in dem Lied „Husdrapa" („Haus-Lied") berichtet.

Falls sich diese vier Szenen tatsächlich auf vier Bilder in der Halle des Jarls Sigurd beziehen sollten, würde dies bedeuten, daß der Seidir-Zauber, den Odin auf Rindr anwendet, ein genauso wichtiges Motiv gewesen ist wie Thor in seinem Wagen, Odin mit seinem Speer und Urd in ihrer Quelle.

3. e) Odins Rabenzauber

In diesem Lied wird deutlich, daß Rindr wie Jörd die Erdgöttin ist:

Über den Rand der Ebene der Rindr
Sank nieder die müde Nahrung Fenrirs;
Vom Gastmal schieden die Götter,
Hroptr und Frigg grüßend, als Hrimfaxi auffuhr.

Die *„Ebene der Rindr"* ist die Erdoberfläche. Der *„Rand der Ebene der Rindr"* ist somit der Horizont. *„Fenrirs müde Nahrung"* ist der Gott Tyr, dem der Riesenwolf den rechten Arm abbiß. Da Tyr ursprünglich der Sonnengott-Göttervater gewesen ist, ist diese Szene eine düstere Umschreibung für „die Sonne (Tyr) ging unter und es wurde Abend".

„Hroptr" ist ein Beiname des Odin.

„Hrimfaxi" („Rußmähne") ist das Pferd der Riesin Nott („Nacht") – dies ist ein zweites Bild für die Abenddämmerung.

Durch diese Strophe wird die Deutung des Namens „Rindr" als „Erde" bestätigt. Wie bei Jörd wird dieser Name wohl auch eine Assoziation zu der Unterwelt enthalten haben, die sich sozusagen als die „Höhle der Hel" im „Bauch" der Rindr befand. Aufgrund der Wiedergeburtssymbolik kann man den „Bauch" der Rindr genauer als „Gebärmutter" bezeichnen.

Aufgrund des Zusammenhangs zwischen Rindr und Gunnlöd, die beide mit dem Göttermet in Verbindung stehen, kann man zumindestens vermuten, daß auch das Hügelgrab einst als „Gebärmutter der Erdgöttin" angesehen worden ist. Dies würde mit dem Aufbau und der Symbolik des sehr alten Schwitzhüttenrituals übereinstimmen, das auch noch von den frühen Indogermanen (Skythen, Slawen, Griechen, Römer u.a.) benutzt worden ist.

3. f) Groas Zaubergesang

In diesem Lied findet sich eine Aussage über die Göttin Rindr, die zeigt, daß auch Rindr selber die Zauberkunst kannte:

Groa sprach:

„Ich singe Dir dies erste Zauberlied,
das vielerprobte,
das Rindr sang der Ran:
daß Du all das abwirfst,
was Dir von Übel zu sein scheint:
Sei Dein eigener Herr!"

Rindr ist offenbar als eine zauberkundige Göttin angesehen worden. Sie muß als Magierin und vermutlich auch Seherin in einem so hohen Ansehen gestanden haben, daß es für einen Wikinger plausibel erschien, daß sie einer anderen Göttin diese Kunst lehrte – sogar der Ran, die als Herrin der Wasserunterwelt bereits eng mit der Zauberkunst assoziiert war.

3. g) Wegtam-Lied

Odin und Rindr haben zusammen den Sohn Wali. Daher entspricht Rindr auch den verschiedenen Riesinnen-Geliebten des Odin im Jenseits. Da diese Geliebten der

Wiederzeugungs-Aspekt der Wiedergeburts-Muttergöttin ist, wird auch Rindr einst eine solche Jenseitsgöttin gewesen sein.

Wegtam (Odin):
„Schweig nicht, Wala, ich will Dich fragen
Bis alles ich weiß. Noch wüßt ich gerne:
Wer wird uns Rache gewinnen an Hödur,
Und zum Hügelgrab bringen Baldurs Mörder?"

Wala (Jenseitsgöttin):
„Rinda wird Wali in den Hallen des Westens gebären;
dieser Odins-Sohn wird töten, wenn er eine Nacht alt ist:
Er wäscht nicht die Hand, er kämmt nicht das Haar
Bis er Baldurs Mörder zum Bühle brachte.
Genötigt sprach ich, nun will ich schweigen."

„Rindas Halle im Westen" ist ein Hinweis auf den Sonnenuntergang und somit auf den Eingang in die Unterwelt. Dort im Westen stand ursprünglich auch die Halle des ehemaligen Göttervaters Tyr (siehe „Asgard").

Zu diesem Motiv gehört auch, daß Wali den Baldur rächte, als er erst eine Nacht alt gewesen ist, denn nach einer Nacht folgt auf den Untergang des Sonne in den „Hallen im Westen" der Sonnenaufgang im Osten. Odin hat offenbar auch hier die Symbolik des Tyr übernommen.

Der Brauch, sich nicht zu waschen und sich nicht die Haare zu schneiden, bevor man nicht ein bestimmtes Ziel erreicht hat, war bei den Germanen weit verbreitet. So schwor z.B. König Harald um ungefähr 872 n.Chr., König von ganz Norwegen zu werden. Da er sich ab diesem Zeitpunkt nicht mehr das Haupthaar, den Bart und auch nicht die Fingernägel schnitt, wurde er schon bald „Harald Struwelkopf" genannt. Als er dann nach ungefähr 20 Jahren sein Ziel erreicht hatte und einen Barbier aufgesucht hatte, wurde anschließend in „Harald Haarschön" umbenannt.

Der Name „Wali" bedeutet „der zu den Toten gehört" oder „der Erwählte".

3. h) Gesta danorum

In der „Gesta danorum" („Geschichte der Dänen") des Mönches Saxo grammaticus („Saxo der Schriftkundige") wird über die Begegnung zwischen Odin und Rindr und über deren Sohn Wali, der hier „Bous" genannt wird, in der Form einer Sage berichtet.

In der „Gesta danorum" erscheint Odin in den drei Gestalten des Woden (Krieger), des Wili (Schmied) und des We (Heiler). Dies entspricht den drei Ständen der Germanen: Krieger/Fürsten, Priester/Heiler und Bauern/Handwerker.

Odin begann jedoch, obwohl er als der Oberste der Götter angesehen wurde, sich bei den Sehern und Wahrsagern sowie bei allen anderen, von denen er gehört hatte, daß sie in den fortgeschrittensten Formen der Wahrsagung geübt waren, nach einer Möglichkeit zu erkundigen, seinen Sohn zu rächen. Denn die Gottheit, die unvollkommen ist, benötigt oft die Hilfe der Menschen.

Rostioph der Finne verkündete ihm, daß ihm ein weiterer Sohn geboren werde müßte – von Rinda, der Tochter des Königs von Lithauen. Diesem Sohn war es bestimmt, die Bestrafung für den Mord ans einem Bruder durchzuführen, denn die Götter hatten es festgelegt, daß dieser Bruder, der erst noch geboren werden mußte, die Aufgabe erhielt, seinen Verwandten zu rächen.

Odin verbarg sein Gesicht, als er dies hörte, hinter einer Kapuze, damit sein Antlitz ihn nicht verraten würde, und trat als Söldner in den Dienst des besagten Königs; und nachdem er von ihm zu einem Anführer der Soldaten gemacht wurde und ihm ein Heer gegeben hatte, errang er einen ruhmvollen Sieg über den Feind.

Für seine beachtlichen Leistungen in dieser Schlacht gewährte der König ihm den Hauptplatz in seinen Freundschaften und hob ihn sowohl durch großzügige Geschenke als auch durch Ehrungen über alle anderen empor.

Nur wenig später vernichtete Odin ganz alleine den Feind und kehrte sowohl als der Bote seiner Tat als auch als der Vollbringer seiner Tat wieder zurück. Alle bewunderten die Stärke des Mannes, der alleine ein solches zahlloses Heer töten konnte.

Auf diese Dienste vertrauend, ließ er den König im Vertrauen von seiner Liebe wissen und wurde von ihm mit dem großzügigsten Zuspruch ermuntert; aber als er einen Kuß von der Maid zu erlangen versuchte, erhielt er einen Korb. Aber er ließ trotz seiner Wut über diese Zurückweisung und der Abscheulichkeit dieser Beleidigung nicht von seinem Vorhaben ab.

Über die Werbung um eine Frau und auch über die Stellung der Frau allgemein scheint man damals noch deutlich andere Vorstellungen als heute gehabt zu haben …

Im darauffolgenden Jahr nahm Odin das Aussehen eines Ausländers an und kehrte an den Hof des Königs von Litauen zurück, denn er wollte seine Absicht, mit der er voller Verlangen gekommen war, nicht einfach aufgeben. Es war für die, die ihm begegneten, kaum möglich, ihn wiederzuerkennen, denn er hatte sein Gesicht unter Schmutz verborgen und seine alten Gesichtszüge waren von frischem Ruß verdeckt.

Er sagte, daß sein Name „Roster" sei und daß er ein geschickter Schmied sei. Und das, was er anfertigte, war eine Ehre für sein Handwerk, denn er bildete die Köpfe vieler Menschen in allerschönster Weise aus Bronze nach, so daß er große Mengen an Gold von dem König erhielt und von ihm damit beauftragt wurde, Schmuck für die Frauen herzustellen. Nachdem er viele schöne Dinge für die Frauen, die sie nun trugen, hergestellt hatte, bot er der Jungfrau Rinda einen Armreif an, den er mit viel mehr Aufwand poliert hatte als alle anderen und dazu noch einige Ringe, die er mit genausoviel Mühe verziert hatte.

Odins Schmied-Name „Roster" ist eine Kurzform von „Hrosstheow" und bedeutet schlicht „Ruß-Diener".

Das Herstellen von lebensechten Köpfen wird in der Thidrek-Sage auch von Wieland berichtet.

Aber keine Dienste konnten den Zorn der Rinda besänftigen; als er sie zu küssen versuchte, stieß sie ihn fort – denn Geschenke, die von jemandem angeboten werden, den wir hassen, sind nicht annehmbar, während solche, die uns von einem Freund gebracht werden, mehr Gnade erhalten: So sehr hängt der Wert des Geschenkes von dem Schenken ab.

Denn diese stark-herzige Maid zweifelte keinen Augenblick daran, daß der geschickte alte Mann seine Großzügigkeit nur vorgab, um der Lust, die er leben wollte, eine Tür zu öffnen. Sein Wille war jedoch nach wie vor entschlossen und unbeugsam. Sie aber wußte, daß seine Verehrung für sie eine List verbarg und daß unter seinem Anbieten von Geschenken das Verlangen lag, ein Verbrechen zu begehen.

Ihr Vater begann sie heftig für ihre Ablehnung des Freiers zu tadeln, aber sie verabscheute den alten Mann zu heiraten und die Bitte ihrer jungen Jahre verlieh dem Zurückhalten ihrer Hand einige Unterstützung, denn sie sagte, daß ein junges Mädchen nicht vor ihrer Zeit heiraten sollte.

Aber Odin, der erfahren hatte, daß nichts den Wünschen eines Liebenden mehr dient als feste Entschlossenheit, ging, obwohl er von der Schande der zweifachen Zurückweisung verletzt worden war, ein drittes mal zu dem König und bot ihm die vollkommensten Dienste in der Kriegskunst an.

Zu dieser Tat wurde er nicht nur durch sein Verlangen nach Vergnügen, sondern auch durch sein Verlangen, seine Schmach auszumerzen, angetrieben. In den früheren Zeiten besaßen diejenigen, die in den magischen Künsten bewandert waren, die Macht, ihr Aussehen im Nu zu verändern und die verschiedensten Gestalten anzunehmen. Sie waren in der Tat sehr geschickt darin, das verschiedenste Alter vorzuspielen – nicht nur in ihrer körperlichen Erscheinung, sondern auch in ihrem Wesen; und so begann der alte Mann, um gefällig zu erscheinen, unter den Stolzesten der Krieger auf und ab zu reiten.

Doch nicht einmal solch eine Präsentierung konnte die Entschlossenheit der Maid erweichen, denn es fällt dem Geist schwer, zu einer echter Zuneigung für jemanden zurückzukehren, gegen den man einmal eine heftige Abneigung empfunden hat. Als er versuchte, sie bei seinem Abschied zu küssen, stieß sie ihn so heftig zurück, daß er stolperte und sich sein Kinn auf dem Boden stieß.

Daraufhin berührte er sie sofort mit einem Stück Rinde, auf das Zaubersprüche geschrieben waren, und ließ sie dadurch wie jemanden erscheinen, der einen Anfall hat: Dies war eine kleine Rache für all die Beleidigungen, der er von ihr erhalten hatte.

Aber noch immer gab er das Erreichen seines Zieles nicht auf, denn das Vertrauen in seine eigene göttliche Größe erfüllte ihn mit Zuversicht; daher nahm dieser unermüdliche Wanderer die Gestalt einer jungen Frau an und kehrte ein viertes mal zudem König zurück und zeigte sich, nachdem er von ihm aufgenommen worden war, hilfreich, ja zuvorkommend. Die meisten Menschen nahmen ihm ab, daß er eine Frau sei, denn er war in weibliche Gewänder gekleidet. Er sagte zudem, daß sein Name „Wecha" sei, und sein Beruf Heilerin: und diese Behauptung bewies er durch seine bereitwilligsten Dienste.

Der Name „Wecha" ist von dem germanischen Wort „wäha" für „weihen" abgeleitet. Er ist eine Weiterentwicklung des Gottesnamen „We", mit dem in der Dreiheit „Woden, Wili, We" der Stand des Priesters/Heilers bezeichnet wird.

Schließlich wurde er in den Haushalt der Königin aufgenommen und erhielt dort die Aufgabe der Kammerzofe der Königstochter und wusch sogar regelmäßig am Abend den Schmutz von ihren Füßen; und als er sie beim Waschen mit dem Wasser netzte, konnte er sogar ihre Waden und ihre Oberschenkel berühren.

Doch das Glück geht mit wechselhaften Schritten voran und so führte der Zufall in seine Hände, was seine Absicht nie erreicht hatte. Denn es geschah, daß das Mädchen erkrankte und nach Heilung suchte; und sie rief zum Schutze ihrer Gesundheit eben jene Hände herbei, die sie zuvor zurückgewiesen hatte und bat jenen um Erhaltung ihres Lebens, den sie zuvor verabscheut hatte.

Er untersuchte genauestens alle Zeichen ihrer Krankheit und sagte schließlich, daß es, um die Krankheit so bald wie möglich aufzuhalten, notwendig sei, einen bestimmten Heiltrank anzuwenden; aber daß dieser Trank derart bitter zusammengemischt sei, daß die Maid niemals eine solch heftige Heilung ertragen könnte, wenn sie nicht bereit wäre, sie anbinden zu lassen; denn die Säfte der Krankheit müßten aus den innersten Fasern herausgeworfen werden.

Als der Vater dies hörte, zögerte er nicht, seine Tochter zu binden; und nachdem er sie auf das Bett gelegt hatte, bat er sie, geduldig alle Heilmittel der Heilerin zu ertragen. Denn der König wurde durch das Frauengewand getäuscht, das der alte Mann trug, um seine nicht ermüdende List zu verbergen; und so wurde die scheinbare Heilung zu einem Ereignis der Empörung.

Denn der Heiler ergriff die Gelegenheit zur Liebe und ließ von seiner Tätigkeit des

Heilens ab und eilte zu der Arbeit – nicht zu der Vertreibung des Fiebers, sondern zu den Arbeiten der Lust; er nutzte die Krankheit der Königstochter, die ihm bei guter Gesundheit widerstanden hatte.

Ich werde nicht langweilen, wenn ich eine weitere Version dieser Angelegenheit hinzufüge. Denn es gibt einige, die sagen, daß der König, als er sah, wie der Heiler unter seiner Liebe litt, aber trotz all seiner geistigen und körperlichen Anstrengungen nichts erreichte, ihn nicht seines ihm zustehenden Lohnes, den er sich so redlich verdient hatte, berauben wollte und ihm deshalb erlaubte, mit seiner Tochter ungestört zusammenzuliegen.

So fällt die Verdorbenheit des Vaters manchmal auf die Tochter zurück, wenn starke Leidenschaft die natürliche Milde verzerrt. Aber seinem Vergehen folgte schon bald eine Reue, die voller Scham war, als seine Tochter einen Sohn gebar.

Der Sohn des Odin und der Rindr ist Wali, der in der „Gesta danorum" „Boe" genannt wird.

In den früheren Versionen der Verbindung zwischen Odin und Rindr wie z.B. der Vereinigung von Wieland und Bödwild oder von Odin und Gunnlöd ist noch nicht von solch einer Vergewaltigung die Rede, denn dort wird das Verhältnis als von beiden gewollt beschrieben.

Vielleicht liegt dieser Umdeutung schon der Sexualitäts-feindliche christliche Einfluß zugrunde.

Es ist auch in vielen Religionen zu beobachten, daß das ursprüngliche Vertrauen in die Erd- und Jenseitsgöttin im Laufe der Zeit schwindet und die Menschen daher ihr Weiterleben im Jenseits durch Magie abzusichern versuchen – oder wie hier durch Gewalt.

… … …

Als er (Odin) sah, daß Boe, sein Sohn von Rinda, für die Härten des Krieges gewappnet war, rief er ihn zu sich und bat ihn, die Ermordung seines Bruders in Erinnerung zu behalten. Er sagte zu ihm, daß es besser sei, an den Mördern des Balder Rache zu nehmen als die Unschuldigen zu besiegen, den das Führen von Kriegen war dann am besten und am passendsten, wenn es durch eine Rache einen heiligen Grund gab, den Krieg rechtmäßig zu eröffnen und ihn zu führen.

… … …

Da versammelte Hother (Hödur) die Ältesten und sagte ihnen, daß er in dem Krieg, in dem er Boe begegnen wird, fallen werde und daß er dies nicht durch zweifelhaftes Raten, sondern durch sichere Vorhersagen von Sehern wüßte.

73

Da ersuchte er sie, seinen Sohn Rorik zum König zu ernennen, damit das Urteil von heimtückischen Männern das Königtum nicht auf fremde und unbekannte Häuser übertragen würden. Er beteuerte, daß er mehr Freude über die Nachfolge seines Sohnes ernten würde als Bitterkeit über seinen eigenen Tod. Diese Bitte wurde schnell erfüllt.

Dann traf er Boe in einer Schlacht und wurde getötet, aber Boe gab sein Sieg nur wenig Freude. Wahrlich, er verließ die Schlacht so scher verwundet, daß er auf einen Schild gelegt und von seinen zu Fuß kämpfenden Kriegern reihum getragen wurde und am nächsten Tagen an den Schmerzen seiner Wunden starb.

Der Tod des Boe nach der Schlacht gegen Hother (Hödur) könnte eine Erinnerung an den zyklischen Tod des Göttervaters sein, der nach der Umdeutung der Mythe in eine Sage zu einem Tod nach dem Durchführen seiner Rache wurde.

Ursprünglich starb der Göttervater aufgrund des Sonnengleichnisses jeden Abend und wurde jeden Morgen wiedergeboren. Als der Göttervater in einen alten und in einen jungen Gott, d.h. in Vater und Sohn aufgespalten wurde, entstand zunächst eine Thronfolge, eine Ablösung in der Herrschaft. Daraus wurde in einem nächsten Schritt ein Kampf um den Thron zwischen Vater und Sohn. Als dann die „böse Motivation" des Sohnes sozusagen „ausgelagert" und zu einem „bösen Gott" verselbständigt wurde, entstand das Motiv der Rache des Sohnes an dem „bösen Gott".

Aus der endlosen Folge von Rache und Gegen-Rache zwischen zwei Parteien und aus dem zyklischen Charakter der ursprünglichen Mythe entstand dann die Vorstellung, daß auch der Rächer bereits kurz nach seinem Gegner, den er aus Rache getötet hat (der „böse Gott"), stirbt. Der „böse Gott" wird am Morgen getötet, aber es ist abzusehen, daß der Sohn am Abend wieder zu einem „alten Gott" geworden sein wird und daher sterben wird – woraufhin die Geschichte dann Morgen von Neuem beginnt.

Die Schwierigkeiten des Odin, zu Rindr zu gelangen und sich mit ihr zu vereinen, zeigen deutlich, wie sich die Jenseitsvorstellungen der Germanen im Laufe der Zeit gewandelt haben.

In den frühen Versionen der Wiederzeugungs-Mythen sucht die Göttin (Freya) noch selber nach dem Toten (Odr).

Als der Göttervater innerhalb der Asen-Sippe an Macht gewann, wurde die Göttin zu einer Riesin umgedeutet, zu der Odin reist und sich mit ihr vereint (Gunnlöd).

Nach und nach wurde diese Reise immer schwieriger und Odin mußte immer mehr Aufgaben erfüllen und Hindernisse überwältigen, um zu der Göttin (Rindr) zu gelangen. Die Sagas der Germanen sind voll von solchen schwierigen Reisen zu der Göttin der Wiederzeugung und der Wiedergeburt, die meistens die Gestalt einer Riesin hat.

Diese Entwicklung findet sich in vielen Details der Mythen nicht nur der Germanen: Der Weg ins Jenseits wird immer schwieriger und die Dinge und Wesen, die ursprünglich bei dieser Reise halfen, wurden aufgrund der Angst vor dem Tod zunehmend zu Gefahren auf dem Jenseitsweg und schließlich zu Ursachen des Todes umgedeutet.

3. i) Kenningar

Es gibt einige Kenningar, die mithilfe des Namens „Rindr" gebildet worden sind und sich meistens auf ihr Verhältnis zu Odin beziehen:

Erde	*Ebene der Rindr*	Rindr = Erdgöttin	anonym	Odins Rabenzauber
Horizont	*Rand der Ebene der Rindr*	Rindr = Erdgöttin; ihre Ebene = Erdoberfläche	anonym	Odins Rabenzauber
Frigg	*Nebenfrau der Rind*		Snorri Sturluson	Skaldska-parmal
Jörd	*Nebenfrau der Rindr*	Jörd = Erde, Land; mit beiden zeugte Odin einen Sohn	Thjodolfr	Skaldska-parmal
Vali	*Sohn der Rindr*		Snorri Sturluson	Skaldska-parmal
Meer	*Gurt der bittenden Rindr des Baldur*	Rindr = Erde = Midgard; der „Gurt" ringsum = Meer; „des Baldur" ist überflüssig	Oddi der Kleine Glumsson	Lausavisur
Meer	*Alf der bittenden Rindr des Baldr*	Alf = Totengeist; unklare Kenning	Oddi der Kleine Glumsson	Lausavisur

3. j) Zusammenfassung

Rindr ist eine Göttin der Erde und der Unterwelt. Ihr Name bedeutet „Erde". Die Erdoberfläche wurde „Ebene der Rindr" genannt. Der Horizont war dementsprechend der „Rand der Ebene der Rindr".

An diesem Rand befand sich die „Halle des Westens", in der Wali, der Sohn der Rindr und des Odin, geboren wurde. Wali rächte im Alter von einer Nacht, d.h. bei Sonnenaufgang seinen Halbbruder Baldur. Da Odin, Wali und Baldur hier offenbar die Sonnensymbolik des ehemaligen Göttervaters Tyr übernommen haben, wird Rindr auch schon Tyrs Abend-Geliebte bei seiner Wiederzeugung in der „Halle des

Westens" gewesen sein. Dazu wird sicherlich auch das Bild gehört haben, daß Rindr seine Morgen-Mutter bei seiner Wiedergeburt in der „Halle des Ostens" (deren Tore Gerdr am Anfang der Skirnir-Mythe öffnet) gewesen ist.

Als Göttin des Jenseits ist Rindr auch eine Zauberin und Seherin und lehrt ihre Zauberlieder u.a. der Meeresunterwelt-Göttin Ran.

In der alten Fassung der Jenseitsreise-Mythen gehört der Wiedergeburts-Met noch der Göttin (Gunnlöd). Nachdem ihr dieser Met von Odin geraubt wurde, braut Odin ihn selber (Odin als Seidir-Kenner). In der nächsten Entwicklungsstufe reicht Odin der Göttin (Rindr) den Met. Schließlich wurde aus Odins Met ein Zaubertrank, mit dessen Hilfe er sich die Rindr gefügig machte (Gesta danorum).

In dieser letzten Fassung dieser Mythe, in der das Vertrauen in die Wiedergeburt durch die Göttin schon ganz verloren gegangen ist, verwandelt sich Odin, um Rindr zu überlisten erst in einen Schmied (Tyr als der Schmied Wieland im Jenseits), dann in einen Krieger (Tyr als Schwertgott im Diesseits) und schließlich in eine Heilerin (Odin als Schamanengott und Seidir-Kenner). Insbesondere die Schmied-Symbolik, die eng mit Tyr-Wieland verbunden ist, spricht dafür, daß Rindr auch schon die Wiederzeugungs-Geliebte und die Wiedergeburts-Mutter des ehemaligen Göttervaters Tyr gewesen ist.

Die Szene, in der Odin der Rindr den Met (Seidir) gibt, muß eine wichtige Szene gewesen sein, da sie an eine der Wände in der Halle des Jarls Sigurd gemalt worden ist.

4. Gefion

Gefion ist zwar in Bezug auf den Umfang der erhaltenen Texte über sie eine der „kleineren Göttinnen", aber sie scheint von ihrer Bedeutung her doch eine der „großen Göttinnen" gewesen zu sein.

Sie erscheint sowohl in den Edda-Liedern als auch in der Prosa-Edda des Snorri Sturluson, die beide um ca. 1230 n.Chr. niedergeschrieben worden sind und auf eine längere mündliche Tradition zurückgehen. Ihre Mythe erscheint jedoch auch schon 400 Jahre vorher in der Ragnarsdrapa, die um ca. 850 n.Chr. gedichtet worden ist. Möglicherweise beziehen sich auch einige Stellen in dem um 750 n.Chr. verfaßten Beowulf-Epos auf die Göttin Gefion. Der Name dieser Asin erscheint schließlich als früheste Quelle in den Namen der germanisch-keltisch-römischen Matronen am Niederrhein aus der Zeit von 70-240 n.Chr.

4. A   Der Name „Gefion"

4. A a)   Die Bedeutung des Namens „Gefion"

Der Name „Gefion", der auch „Gefjon", „Gefiun" oder „Gefjun" geschrieben wird, bedeutet „die Gebende". Damit ist offenbar eine die Fülle spendende Muttergöttin gemeint.

Die Bildung des Namens Gefion bzw. des Beinamens „Gefn" der Göttin Freya aus dem Verb „gef" für „geben" mithilfe der Endung „-ion, -un" findet sich nur noch in der Herleitung des Namens der Göttin Njorun, über die nichts außer ihrem Namen bekannt ist.

4. A b)   Gefion und die Matronen

Einige der römisch-germanisch-keltischen Matronen trugen Namen, die mit der damaligen Form „gabia", aus dem später im altnordischen „gef(a)" wurde, gebildet. Diese Matronen waren somit „Geberinnen".

Durch die Worte, mit deren Hilfe ihre Gaben differenziert wurden, läßt sich einiges über ihren Charakter erfahren.

Es sind folgende mit „gabia" gebildeten Matronen-Namen bekannt:

mit „Gabia" gebildete Matronennamen	
Name	*Bedeutung*
Gabiae	die „Gebenden"
Alagabiae	die „All-Gebenden"
Ollogabiae	die „Alles Gebenden"
Garma(n)gabis	die „Großes Gebende"
Frijagabis	die „Liebe-Gebende" oder „Freya-Gefn"

Insbesondere der letzte Name ist interessant, da seine Übersetzung in das Altnordische „Freya-Gefn" lauten würde, wodurch „gabis" wie ein Beiname der Freya wirkt. Dieser alte Matronen-Name läßt es gut denkbar erscheinen, daß sich in den ca. 1000 Jahren zwischen dem Matronenkult und der Göttin Gefion diese Asin aus dem Beinamen „Gabia" der Freya entwickelt hat.

4. A c) Beowulf-Epos

Im Beowulf finden sich an fünf Stellen Worte, die dem Namen der Gefion so sehr ähneln, daß es sein könnte, daß zwischen diesen Worten und der Göttin ein Zusammenhang besteht.

In den folgenden Übersichten steht links der Originaltext, in der Mitte die übliche Übersetzung und rechts die von Frank Battaglia vorgeschlagene Übersetzung, in der diese fünf Worte als Name der Göttin Gefion aufgefaßt werden.

Diese Übersetzung ist zwar denkbar und sie ergibt auch einen Sinn, aber sie ist recht unsicher – einfach deshalb, weil ansonsten im Beowulf-Epos keine Götter erwähnt werden. Lediglich die Göttin Sif erscheint zweimal in der angelsächsischen Form „Sibb" – aber diese beiden Namen bedeuten recht sicher lediglich „Frau, Verwandte" und bezeichnen nicht die Göttin Sif.

Es bleibt also fraglich, ob die „Gefion-Übersetzungen" in der rechten Spalte richtig sind.

Beowulf, Zeile 47-50		
þá gýt híe him ásetton / *segen gyldenne*	Sie hißten ihm noch / ein goldenes Banner,	Sie hißten ihm noch / ein goldenes Banner,
héah ofer héafod· / *léton holm beran·*	hoch über das Haupt, / dann gab man ihn preis	hoch über das Haupt, / dann gab man ihn preis
géafon on gársecg· / *him wæs geómor sefa*	den tosenden <u>Wogen</u> / mit traurigem Herzen,	der tosenden <u>Gefion</u> / mit traurigem Herzen,
murnende mód·	Mit sorgendem Sinn.	Mit sorgendem Sinn.

In dieser Szene wird über die Bestattung des Königs Scyld berichtet, der in der Heimskringla „König Skjold" genannt wird. Von ihm stammt das dänische Königsgeschlecht der Scyldinge ab.

Den englischen Chronisten zufolge wurde Scyld als kleines Kind auf einer Garbe liegend in einem ruderlosen Boot an der Küste von Schonen, der Provinz an der Südwestspitze von Norwegen, angetrieben. Die Bewohner von Schonen sahen dies als eine göttliche Fügung an, gaben dem Kind den Beinamen „Sceafing", d.h. „Garben-Kind" und machten das Kind, als es erwachsen geworden war, zu ihrem König.

Solche Fluß- oder Meeresreisen finden sich in den Mythen der verschiedensten Völker bei zukünftigen Königen, Weisen oder Religionsgründern – am bekanntesten ist vermutlich das Ausgesetztwerden von Moses auf dem Nil. Diese Fahrten durch das Wasser sind Kurzfassungen einer Jenseitsreise in die Wasserunterwelt, durch die der Betreffende eine Verbindung zu den Göttern erhält, wodurch ihm seine zukünftige „königliche Laufbahn" erst ermöglicht wird. Die Wurzel dieser Vorstellungen ist die rituelle Jenseitsreise bei der Schamaneneinweihung, der Priesterweihe, der Krönung und z.T. auch bei der Kriegerweihe.

Die Reise über des Meer des Kindes Scyld erinnert sehr an das Ziehen der Insel Seeland über das Meer durch die vier Stiere der Gefion. Das Wort „geafon" für „Wogen" wird einen damaligen Zuhörer sicherlich an die Göttin Gefion erinnert haben – zumal sie auch in der Seeland-Mythe eng mit dem Meer verbunden ist.

Die „Trauer", die in dem Vers in enger Verbindung mit den „Wogen" („geafon") steht, wird sich sicherlich auf die Trauer der Gefion wegen des Todes des Königs Scyld beziehen, dessen Bestattung in diesen Versen beschrieben wird.

Die hauptsächliche Frage, die sich hier stellt, ist, ob für die Angelsachsen das Wort „geafon" von „Gefion" verschieden war oder nicht, d.h. ob sie das Wort „Woge" von dem Namen „Gefion" unterschieden – oder ob Gefion vielleicht von ihnen als eine Meeresgöttin angesehen worden ist.

Beowulf, Zeile 361-362

Hér syndon geferede / *feorran cumene*	Hierher sind gesegelt, / von fernher gekommen	Hierher sind gesegelt, / von fernher gekommen
ofer geofenes begang / *Géata léode·*	übers <u>Meer</u> Männer / vom Volk der Goten.	über <u>Gefion</u> Männer / vom Volk der Goten.

In diesem Vers bezeichnet „geofenes" das Meer.

Beowulf, Zeile 514-516

maéton merestraéta / *mundum brugdon·*	Durchmaßet das Meer / mit mächtigen Schlägen,	Durchmaßet das Meer / mit mächtigen Schlägen,
glidon ofer gársecg· / *geofon ýþum*	die eisige Salzflut; / das <u>Meer</u> wogte	die eisige Salzflut; / <u>Gefion</u> wogte
wéol wintrys wylm·	vom Wintersturme.	vom Wintersturme.

Auch hier bezeichnet „geofon" das Meer.

Beowulf, Zeile 1391-1395

Grendles mágan / *gang scéawigan·*	Auf, auf, mein Gebieter! / laß eilig uns folgen	Auf, auf, mein Gebieter! / laß eilig uns folgen
ic hit þé geháte: / *nó hé on helm losaþ*	der Spur des Weibs; / ich verspreche Dir's:	der Spur des Weibs; / ich verspreche Dir's:
né on foldan fæþm /	nicht im Schlunde des Moors, /	nicht im Schlunde des Moors, /
né on fyrgenholt	noch im Schoß der Erde,	noch im Schoß der Erde,
né on gyfenes grund· / *gá þaér hé wille·*	noch im <u>Waldes</u>dickicht / entwischt sie mir,	noch im Grund der <u>Gefion</u> / entwischt sie mir,
ðýs dógor þu	wohin sie auch flüchte.	wohin sie auch flüchte.

An dieser Stelle bedeutet „gyfernes grund" in etwa „Waldesgrund" oder eben „Grund der Gefion", also „Meeresgrund".

Beowulf, Zeile 1688-1690		
ealde lafe· / *on ðaém wæs ór writen*	Das alte Erbstück: / der ersten Fehde	Das alte Erbstück: / der ersten Fehde
fyrngewinnes / *syðþan flód ofslóh*	Urbeginn / war dort eingegraben,	Urbeginn / war dort eingegraben,
gifen géotende / *gíganta cyn--*	wie die <u>Flut</u> verschlang / das Volk der Giganten.	wie <u>Gefion</u> strömte: / das Volk der Giganten.

In diesem Vers bedeutet „gifen" wieder „Meer", d.h. genauer gesagt „Flut".

Die dargestellte Szene bezieht sich auf die auch in der Edda berichtete große Flut aus dem Blut des Urriesen Ymir, die nur der Riese Bergelmir und seine Frau überlebten.

An dieser Stelle ist die Übersetzung von „gifen" als „Gefion" statt als „Flut" nicht sonderlich überzeugend.

Es ist unsicher, ob das altenglische feminine „Geofen" und das maskuline „Gaban" einfach verschiedene Arten von Gewässer oder Gewässer-Gottheiten bezeichnet haben.

4. B   Die Asin Gefion

Sie wird nur in Aufzählungen als Asin bezeichnet.

4. B a)   Skaldskaparmal

Da kamen die Asen zu ihrem Gelage und zwölf der Asen, die da zu Richtern bestellt waren, setzten sich auf ihre Hochsitze. Dies sind ihre Namen: Thor, Niörd, Freyr, Tyr, Heimdall, Bragi, Widar, Wali, Ullr, Hönir, Forseti, Loki. Desgleichen heißen die Asinnen: Frigg, Freyja, Gefion, Idun, Gerd, Sigyn, Fulla, Nanna.

Falls die Reihenfolge der Götter und Göttinnen eine Rangfolge darstellen sollte (was oft vermutet, aber keinesfalls sicher ist), dann wäre Gefion die drittwichtigste der Asinnen.

4. B b)   Gylfis Vision

Da frug Gangleri: „Welches sind die Asinnen?"
Har antwortete: „Frigg ist die vornehmste: Ihr gehört der Palast, der Fensal heißt
und überaus schön ist. Eine andere heißt Saga, die Söckwabeck bewohnt, das auch
eine große Halle ist. Die dritte ist Eir, die beste der Ärztinnen. Die vierte ist Gefion:
sie ist unvermählt und ihr gehören alle, die unvermählt sterben. ..."

In dieser Textstelle sieht es recht wahrscheinlich aus, daß die Göttinnen in der Folge ihrer Wichtigkeit angeordnet worden sind. Gefion wäre dann die viertwichtigste Asin. Allerdings ist es seltsam, daß Freya nicht gleich hinter Frigg erscheint – es bleibt also ungewiß, ob mit der Reihenfolge wirklich eine Rangfolge gemeint ist.

Sie wird als unvermählt aufgefaßt und ist daher die Todesgöttin für alle Unvermählten.

4. B c)   Skaldskaparmal

„Warum wird Gold 'Ägirs Feuer' genannt?"
„Dies ist die Geschichte davon und sie hat denselben Inhalt wie die, die wir schon
berichtet haben: Ägir ging zu einem Fest in Asgard. Als er sich aber bereitmachte,
nach Hause zurückzukehren, lud er Odin und all die Asen ein, ihn in drei Monaten zu
besuchen.
Zuerst kamen Odin und Njörd, Freyr, Tyr, Bragi, Vidarr, Loki und ebenso die
Asinnen Frigg, Freya, Gefion, Skadi, Idun, Sif."

Diese Göttinnen-Liste beginnt mit „Frigg, Freya, Gefion ...", was mit der anderen Liste in der Skaldskaparmal übereinstimmt, während in Gylfis Vision, die ebenfalls aus der Feder von Snorri Sturluson stammt, die Folge „Frigg, Saga, Eir, Gefion ..." zu finden ist. Es ist also zumindestens fraglich, ob „Frigg, Freya. Gefion ..." eine traditionelle Folge ist.

4. C   Gefion und Freya

„Gefion" ist ursprünglich wahrscheinlich ein Beiname der Freya gewesen.

4. C a) Thulur

In diesen Namens-Listen des Snorri Sturluson wird „Gefion" sowohl unter den Asinnen als auch unter den Beinamen der Freya aufgeführt. Gefion wird daher ursprünglich ein Beiname der Freya gewesen sein.

Namen der Asinnen:

Nun nenne ich
alle Asinnen-Namen:
Frigg und Freyja,
Fulla und Snotra,
Gerdr und Gefjun,
Gna, Lofn, Skadi,
Jörd und Idunn,
Ilmr, Bil, Njörun.

Hlin und Nanna,
Hnoss, Rindr und Sjöfn,
Sol und Saga,
Sigyn und Vör,
Var und Syn
sind die edlen Namen,
aber zum Schluß müssen noch
Thrudr und Ran genannt werden.

Namen der Freya:

Freya weinte
Gold(-Tränen) für Odi.
Ihre Namen sind
Hörn und Thrungva,
Syr, Skjalf und Gefn
und auch Mardöll.
Ihre Töchter heißen
Hnoss und Görsemi.

4. C b)   Die Vision der Seherin

In einer Kenning in diesem Lied wird Freya „Odrs schlanke Gefiun" genannt. Gefiun ist eine Göttin, die einen Aspekt der Freya verkörpert: die Gaben, die sie allen schenkt, die sie darum bitten.

Die in dieser Strophe beschriebene Szene bezieht sich darauf, daß die Asen dem Riesenbaumeister (Tyr) Freya, die Sonne und den Mond dafür versprochen hatten, wenn der Riese zu der verabredeten Zeit eine Schutzmauer rings um Asgard fertiggestellt haben sollte.

Da gingen alle Regin zu ihren Rat-Sitzen,
die hochheiligen Götter, und suchten guten Rat:
die ganze Luft könnte von ihrem Verrat vergiftet werden
und Odrs schlanke Gefion könnte zur Familie des Riesen kommen.

4. C c)   Heitis

„Gefn" war eine beliebte Heiti für „Freya":

Freya	Gefn			anonym	vierte grammatische Abhandlung
					Placitusdrapa
					Oxarflokkr
				Eyvindr Finnson Skladen-Verderber	Lausavisur
				Magnus der Gode Olaf-Sohn	Lausavisur
				Olaf der Heilige Harald-Sohn	Lausavisur
				Thjodolfr von Hvini	Haustlöng
				Snorri Sturluson	Thulur

4. C d)   Skaldskaparmal

Snorri Sturluson zitiert in seinem Lehrbuch über die Skaldenkunst ein Lied des Skalden Einarr Klingel-Waage, in dem Freya mit „Gefn" umschrieben wird:

Der ehrfurchtgebietende Kriegstreiber
des Odin, der den heftigen Kampf
beginnt, gab mir
die Mut-unerschütterliche Tochter
der Wanen-Braut, meine schöne Axt;
Der kühne Herr der Schwert-Treffen
geleitete Gefns Maid zu meinem Bett,
bedeckte es mit den Gold-Arbeiten der Meeres-Flammen.

Kriegstreiber des Odin = Fürst
Wanen-Braut = Freya; ihre Tochter = Hnoss = Personifizierung des Goldes; die mit Hnoss identifizierte Axt = goldgeschmückte Kriegsaxt
Schwert-Treffen = Kampf
Gefn = Freya; ihre Maid = ihre Tochter = Hnoss = Gold
Meeresflammen = Gold
Gold-Arbeiten = Schmuck

Diese Stelle klingt fast nach den Grabbeigaben bei einer Bestattung, aber da ein Toter kein Lied für sich selber dichten kann, wird der Fürst hier wohl den im Kampf verletzten Skalden mit Goldringen belohnt haben, die er an an dessen Krankenlager gebracht hat.

Diese Verse lauten ohne Kenningar wie folgt: *„Der ehrfurchtgebietende Kriegs-König gab mir eine mit Gold eingelegte Axt und Gold. "*

4. C e)   Gefion und Freya

Der Beiname „Gefn" der Asin Freya ist identisch mit dem Namen der Göttin Gefion. Da zudem beide Totengöttinnen und auch beide Geliebte des Tyr-Heimdall sind, ist es sehr wahrscheinlich, daß Gefion der zu einer eigenständigen Göttin verselbständigte Beiname der Freya ist.

4. C f)   Odins Rabenzauber

In diesem Lied wird Idun einmal als „Gefion" umschrieben – wobei in diesem Lied sehr viele Göttinnen der Idun gleichgesetzt bzw. deren Namen für „Idun" benutzt werden.

85

Sie mochte nicht sagen, was sie wußte,
Gefion konnte kein Wort sprechen und zeigte keine Freude:
Tränen schossen aus den Schilden des Schädels,
Die Mächtige war ihrer Macht beraubt.

„Gefion" („Geberin") ist eine Erdgöttin, die in diesem Lied auch der Urd, der Idun, der Nanna und der Hel gleichgesetzt wird.

Die Gleichsetzungen vieler Göttinnen miteinander ist aus vielen Mythologien gut bekannt. Diese Verbindungen liegen darin begründet, daß diese Göttinnen alle Aspekte der ursprünglichen Muttergöttin sind. Die umfassendste Synthese der verschiedensten Göttinnen war die Göttin Isis in der Zeit von ca. 300 v.Chr. bis ca. 400 n.Chr im Mittelmeerraum. In „Odins Rabenzauber" wird offenbar auch eine solche Synthese entworfen. Sie wird recht sicher kein theoretisches Konstrukt gewesen sein wird, sondern weitgehend den allgemeinen Empfindungen der Germanen gegenüber ihren Göttinnen entsprochen haben.

Es gab viele Kenningar (Umschreibungen) für die Augen, von denen *„Schilder des Schädels"* und „Sterne der Stirn" die geläufigsten waren. Mit *„Schild"* ist hier ein Kampfschild gemeint.

Wie Idun am Weltenbaum niedergesunken war, so ist auch Gefion völlig kraftlos geworden. Vielleicht kann man *„sie war ihrer Macht beraubt"* auch mit „sie war einer Ohnmacht nahe" übersetzen.

4. C g)   Stanzas über Magnus Olafson in Danaveldi

Der Skalde Thjodolfr Arnorsson hat in einem Lied eine Walküre mit „webende Gefn" umschrieben. Dieses „Weben" ist eine Anspielung auf das Spinnen des Schicksalsfadens durch die Nornen. Deren Beschlüsse wurden von den Walküren an die Menschen überbracht und auch umgesetzt.

Auch Freya wurde manchmal als Walküre angesehen.

Die Männer werden sich an sie erinnern
Sveinns Männer haben sie kennengelernen,
die webende Gefn, ihr Männer des Freyr (Krieger),
denn es gab drei Angriffe.
Es gibt die Aussicht auf eine hübsche Frau auf Fyn;
es ist gut, Waffen zu röten;
laßt uns unseren Platz in den Reihen einnehmen,
Vorwärts in den Waffenlärm!

4. C h) Heidarviga-Saga

In dieser Saga trägt eine Frau den Beinamen „Gefn". Dies könnte sie als „Freigiebige" bezeichnen, aber es könnte auch eine Anspielung auf eine andere Fähigkeit der Freya-Gefn sein.

Dort gibt es einen Hof, westlich des Huna-Wassers, dort wohnt eine Frau, die Thordis heißt und den Beinamen 'Gefn' trägt – eine Witwe.

4. C i) Kenningar

„Gefn" war in einigen Kenningarn eine Umschreibung für „Frau":

Frau	*Schatz-Gefn*	Gefn = Freya		Thjodolfr Arnorsson	Stanzas über Magnus Olafson in Danveldi
Frau	*Feuer-Gefn*	Gefn = Göttin; „Feuer" ist eine abgekürzte Kenning für „Feuer des Meeres" (Gold) o.ä.		Magnus Barfuß Olafsson	Lausavisur
Frau	*höfliche Gefn des Falkenweges*	unvollständige Kenning, eigentlich: „Feuer des Falkenweges" (Gold) o.ä.		Olaf der Heilige Haraldson	Lausavisur

4. C j) Gefion und griechische Göttinnen

In verschiedenen germanischen Übersetzungen von lateinischen Werken haben die Übersetzer, denen die Göttin Gefion noch gut bekannt gewesen ist, die Namen der Göttinnen Diana, Aphrodite, Athena und Vesta mit „Gefion" übersetzt.

Dies zeigt zumindestens, daß man mit Gefion mehrere Qualitäten assoziieren konnte:

- Diana: Muttergöttin, Wildnis, Jagd;
- Aphrodite: Liebe, Wiederzeugung;
- Athena: Weisheit, Stärke;
- Vesta: heiliges Feuer.

Es ist beachtlich, daß man „Aphrodite" mit „Gefion" und nicht mit „Freya" übersetzte, da dies zeigt, daß auch Gefion in ausgeprägtem Maße den Charakter einer Liebesgöttin, d.h. einer Wiederzeugungsgöttin gehabt haben muß. Ihre Ähnlichkeit mit Freya ist offensichtlich sehr groß.

4. D   Die Erdgöttin Gefion

4. D a)   Gylfis Vision

König Gylfi beherrschte das Land, das nun Swithiod (Schweden) heißt. Von ihm wird gesagt, daß er einer fahrenden Frau zum Lohn der Ergötzung durch ihren Gesang ein Pflugland in seinem Reich gab, so groß als vier Ochsen pflügen konnten in einem Tag und einer Nacht.

Diese Frau war jedoch vom Asengeschlecht; ihr Name war Gefion. Sie nahm aus Jötunheim vier Ochsen, die sie mit einem Jötun erzeugt hatte, und spannte sie vor den Pflug. Da ging der Pflug so mächtig und tief, daß sich das Land löste, und die Ochsen es westwärts ins Meer zogen, bis sie in einem Sund still stehen blieben. Da setzte Gefion das Land dahin, gab ihm einen Namen und nannte es Seeland. Und da, wo das Land weggenommen worden war, entstand ein See, den man in Schweden nun Löger heißt. Und im Löger liegen die Buchten so wie die Vorgebirge in Seeland.

Dieser „König Gylfi" ist derselbe, über dessen Vision Snorri Sturluson in dem zweiten Teil der Edda („Gylfis Vision") berichtet.

Gefions Vereinigung mit einem Riesen erinnert daran, daß mehrere Riesen mit oder ohne Erfolg versucht haben, eine der Asinnen zu entführen: Thiazi die Idun, Hrungnir die Sif und die Freya sowie Thrym die Freya. Der Ursprung dieses Motivs ist die Vereinigung der Erd- und Jenseitsgöttin mit dem Tyr-Riesen in der Unterwelt.

Gefion ist anscheinend eine Sängerin, d.h. möglicherweise eine Skaldin. Es ist allerdings nicht sicher, wie verläßlich diese Angabe ist, da sonst keine Hinweise auf Gefion als Skaldin existieren – vielleicht brauchte der Dichter dieses Textes nur einen Grund für das Gewähren eines Stück Landes an Skadi …

Das Gebären von Stieren hat in den Mythen der Germanen am ehesten eine Parallele in der Verwandlung des Loki in eine Stute, der sich daraufhin mit dem Riesen-Roß Svadilfari des Riesen, der die Mauer um Asgard errichtete, vereinte und daraufhin Odins achtbeiniges Doppel-Pferd Sleipnir gebar.

Diese Vereinigungen eines Menschen mit einem Herdentier stammen aus den Jenseits-Vorstellungen, die über die Indogermanen bis in die frühe Jungsteinzeit zurückreichen: Die Ankunft eines Menschen im Jenseits wurde analog zu der Ankunft im Diesseits als eine „zweite Geburt", d.h. als eine „Wiedergeburt" aufgefaßt. Dieses Motiv wurde analog zu den Vorgängen im Diesseits durch eine „Wiederzeugung" und ein „Wiederstillen" ergänzt.

Durch das Wiederzeugen war die Muttergöttin, die im Jenseits die Toten wiedergebar, vor dieser Wiedergeburt die Geliebte der Toten bei der Wiederzeugung. Da die Riesen und Zwerge in der germanischen Mythologie auf die Ahnen im Jenseits zurückgehen, liegt die Wurzel der Vereinigung eines Riesen (wie bei Gefion) oder Zwerges (wie bei Freya) in den Wiederzeugungs-Vorstellung.

Die erfolgreiche Wiederzeugung wurde dadurch magisch abgesichert, daß man für den Toten ein Herdentier opferte – das ja sowohl sehr fruchtbar als auch zeugungskräftig sein mußte, da die betreffende Tierart sonst keine Herden würde bilden können.

Der Tote wurde in das Fell dieses Tieres gehüllt, um ihn mit dem Opfertier zu identifizieren. Aus diesem Grund haben in vielen Mythen z.B. der Sonnengott und die Muttergöttin, die den Sonnengott jeden Morgen wiedergebiert, die Gestalt von Rindern: Der „alte, abendliche Sonnengott" ist bei der Wiederzeugung ein Stier, die Muttergöttin eine Kuh und der „junge, morgendliche Sonnengott" ein Kälbchen.

Aus dem Wiederstillen entwickelte sich der Ritualtrank, der die Toten im Jenseits und auch die Götter unsterblich machte: der Göttermet.

Gefion ist daher vermutlich eine Totengöttin – wozu auch ihre Zuständigkeit mit den unvermählt Gestorbenen sowie ihre Ähnlichkeit mit der Totengöttin Freya, die sich mit Zwergen in der Unterwelt vereint hat – so wie Gefion mit einem Riesen.

„Seelund" ist die Insel Seeland, auf der heute Kopenhagen liegt, und bedeutet „See-Wald".

Der „Löger-See" ist der Mälar-See. Er war einst das Zentrum Schwedens, wie der Bericht in der Heimskringla zeigt, dem zufolge Odin dort seine „Hauptstadt" Asgard errichtet hat. In gewisser Weise hat Gefion somit das Zentrum der Welt von Schweden nach Dänemark gebracht – was sicherlich auch eine politische Aussage gewesen ist und vermuten läßt, daß diese Mythe in ihrer in der Edda überlieferten Form ihre letzte Bearbeitung in Dänemark erhalten hat.

Es ist denkbar, daß eine „Insel der Göttin", die zudem noch mit Riesen und Stieren zu tun hat, eine Jenseitsinsel ist. Dies würde zu Gefion als Totengöttin passen. Solch eine Insel oder solch ein „Land hinter dem tiefen Wasser" wäre auch Hel hinter dem Gjallar-Fluß, Utgard hinter dem Meer, die Insel Lyngvi, auf der der Fenris-Wolf gefangen liegt, die Toteninsel Walaskialf usw.

Diese „Insel der Göttin" könnte jedoch auch einfach Midgard im Weltmeer sein – dann wäre Gefion die Erde und somit eine Erdgöttin.

Die Stiere wären dann ursprünglich die Opfertiere bei der Jenseitsreise des ehemaligen Sonnengott-Göttervaters Tyr gewesen. Der Riese wäre dann Tyr im Jenseits. Aus der Vereinigung der Toten, die durch die für sie geopferten Herdentiere zum Stier, Hirsch, Hengst, Keiler usw. geworden waren, mit der Jenseitsgöttin, hat sich dann das Motiv der Vereinigung der Gefion mit dem Riesen (Toter im Jenseits) und das Gebären von vier Stier-Kälbchen entwickelt.

Diese Vierzahl erinnert zudem an die vier Zwerge („dwergaz" = „Totengeist"), mit denen sich Freya vereinte, um dadurch ihre Kette Brisingamen zu erhalten. Diese Kette ist identisch mit Odins Ring Draupnir und mit den (keltischen) Torques – alle drei sind Symbole der bestandenen rituellen Jenseitsreise bei einer Schamaneneinweihung, einer Priesterweihe, einer Krönung oder einer Kriegerweihe.

Vermutlich ist dieser Gefion-Mythe dadurch entstanden, daß man die Zugehörigkeit dieser Insel zu Dänemark begründen wollte und dafür alte mythologische Themen aus den Jenseitsvorstellungen benutzt hat.

4. D b) Ragnarsdrapa

Die eben berichtet Gefion-Mythe war schon um 850 n.Chr. gut bekannt, wie die beiden folgenden Strophen aus der Ragnarsdrapa zeigen, die der „Vater der Skalden" Bragi Boddason der Alte zu dieser Zeit verfaßt hat

Gefion zog von Gylfi,
dem freigiebigen Fürsten,
mit Lachen das fort,
was Dänemark größer machte,

sodaß die Zugtiere, die Stiere, von Schweiß troffen;
vier Häupter hatten sie und acht Stirn-Sterne,
die vor der weiten Insel-Weide gingen,
die als Beute fortgerissen wurde.

Das *„Lachen"* der Gefion entstammt vermutlich der dichterischen Freiheit des Skalden Bragi und ist kein wesentliches Element der Gefion-Mythe.

Die *„Stirn-Sterne"* sind die Augen der Stiere.

Die *„Insel-Weide"* ist Seeland.

4. D c) Landnahme-Buch

Die Art und Weise, in der Gefion ihr Land erhielt, ist von einem alten Brauch abgeleitet worden:

Als Belohnung dafür gab ihm Einar seine Freiheit und soviel Land wie er in drei Tagen umrunden konnte – das wurde Heidarsgarth genannt und dort lebte er anschließend.

4. D d) Gefion und Pflug-Rituale

In Sagen findet sich häufig das Thema einer Frau (seltener eines Mannes), die sich ein Stück Land durch Pflügen, Umreiten oder Umgehen zu eigen macht.

Die bekannteste Mythe ist vermutlich die von Dido, der Tochter des Königs Mutto von Tyros im Libanon, die von einem Häuptling an der nordtunesischen Küste soviel Land versprochen erhielt, wie sie mit einer Kuhhaut umspannen könnte. Daraufhin schnitt Dido das Fell in sehr dünne Streifen und erhielt so eine sehr lange Schnur, mit der sie ein großes Stück Land umspannen konnte, auf dem sie dann Karthago gründete. Dasselbe Fellstreifen-Motiv findet sich auch in der Ragnar-Saga.

Im isländischen „Landnamabok" wird das Treiben einer jungen Kuh um ein Stück Land als die allgemein anerkannte Methode, diesen Bezirk in Besitz zu nehmen, angesehen. Dem angehenden Bauern oder der Bäuerin stand soviel Land zu, wie auf diese Weise an einem Frühlingstag zwischen Sonnenaufgang und Sonnenumgang umgehen konnte. Diese Methode findet sich verschiedentlich auch in dänischen und deutschen Sagen.

Diese Sagen zeigen zumindestens, daß das Pflügen einer Linie rings um das Land, das man für sich in Anspruch nimmt, bereits eine längere Tradition hatte und in der Gefion-Mythe als die naheliegende Methode aufgegriffen wurde, durch die Gefion das ihr geschenkte Land markieren konnte.

Aus Wales gibt es eine ähnliche Sage, in der die „Dame vom See" einen Bauern heiratet und ihre Rinder mitbringt. Durch einen unbeabsichtigten Verstoß gegen ein Tabu kehrt sie später mit ihren Ochsen wieder in den See zurück.

4. D e) Heimskringla

In diesem halbhistorischen Bericht über die Frühzeit Skandinaviens berichtet Snorri

91

noch ein weiteres mal über die Asin Gefion, die hier wie Freya in der Saga über Hedin und Högni als Odins Botin erscheint. Diese Umdeutung der Göttin Freya-Gefion zu einer Walküre des Göttervaters sollte vermutlich vor allem dessen patriarchale Führungsposition bestätigen und absichern.

Dort verläuft ein großer Gebirgszug von Nordwest nach Südost, der Groß-Swithiod (Schweden) von den anderen Königreichen trennt. Südlich dieses Bergzuges ist es nicht weit bis zu dem Türkenland (Asgard), wo Odin viel Land besaß.

Zu dieser Zeit zogen die römischen Herrscher durch die Weite der Welt und unterwarfen sich alle Völker und aus diesem Grund flohen viele Fürsten aus ihren Ländern. Aber Odin, der die Zukunft vorhersehen konnte und den magischen Blick besaß, wußte, daß sich seine Nachkommen in der Nordhälfte der Welt niederlassen und dort wohnen würden. Daher sandte er seine Brüder Ve und Vilje nach Asgard und wanderte selber mit allen Göttern und einer Menge anderer Völker zunächst westlich nach Gardarike (Baltikum) und dann ins Sachsenland.

Er hatte viele Söhne; und nachdem er sich im Sachsenland ein großes Königreich erobert hatte, setzte er seine Söhne als Herrscher dieses Landes ein. Er selber zog weiter nach Norden an das Meer und errichtete sich seine Wohnstatt auf der Insel Fünen; dieser Ort wurde „Odense" genannt.

Dann sandte er Gefion über den Sund nach Norden, damit sie dort neue Länder erkundete. Sie kam zu König Gylfi, der ihr ein Pflug-Maß Land schenkte.

Da ging sie nach Jötunheim und gebar einem Riesen vier Söhne und verwandelte sie in Stiere.

Sie spannte sie an ein Joch und brach das Land genau gegenüber von „Odense" in das Meer hinein ab. Dies wurde „Seeland" genannt und dort ließ sie sich danach nieder und wohnte dort.

Skjold, ein Sohn des Odin, heiratete sie und sie lebten in Dänemark. Dort, wo das gepflügte Land vorher gewesen ist, ist nun der See, der Löginn genannt wird. In Schweden entsprechen die Fjorde des Löginn-Sees den Ausbuchtungen von Seeland.

In seiner Heimskringla deutet Snorri Sturluson seiner Zeit gemäß die alten Götter als Könige der Vorzeit.

Odense bedeutet „Odins Tempel" und ist die größte Stadt auf der dänischen Insel Fünen und eine der ältesten dänischen Städte.

Der Sohn Skjold des Odin könnte identisch mit Heimdall sein. Es wird zwar nicht ausdrücklich berichtet, daß Skjold wie Heimdall der Ahnherr der dänischen Könige ist, aber als Sohn des Odin und der Gefion sowie als Herrscher von Fünen und Seeland erscheint diese Stellung doch sehr wahrscheinlich.

Der Name „Skjold" bedeutet „Schild" und erinnert zumindest an den Schild, der in den frühgermanischen Steinritzungen in Skandinavien (ab 1800 v.Chr.) das Symbol der Sonne und somit wohl auch des Sonnengott-Göttervaters Tyr gewesen ist. Dieser Schild findet sich dann später auch auf dem Sonnenwagen von Trundholm (1400 v.Chr.), in dem Hügelgrab von Kivik (1000 v.Chr.), auf den Goldhörnern von Gallehus (400 n.Chr.), den Bildsteinen (400-600 n.Chr.) und schließlich wahrscheinlich auch auf den von den Skalden besungenen Prunkschilden (900 n.Chr.) sowie in dem Schild des Gottes Ullr, der vermutlich der Gott Tyr in der nächtlichen Unterwelt ist (1230 n.Chr.).

Angesichts dieser langen Sonnenschild-Tradition des Sonnengott-Göttervaters ist es gut denkbar, daß sich der Name Skjold des Sohnes des Odin, der an die Stelle des früheren Göttervaters Tyr getreten ist, daß mit dem Name „Skjold" des Odinssohnes mehr als nur eine Defensivwaffe oder ein Symbol des Schutzes für die Dänen gemeint gewesen ist.

In der Regel wird „See Löginn" in der Heimskringla als der Mälarsee bei Stockholm gedeutet, der jedoch sehr viel kleiner als Seeland ist. Der Vänersee Nordöstlich von Seeland in Südwestschweden hat jedoch in etwa dieselbe Größe und Form wie Seeland, sodaß wohl dieser See gemeint sein wird.

Die Insel Seeland und der Vänersee

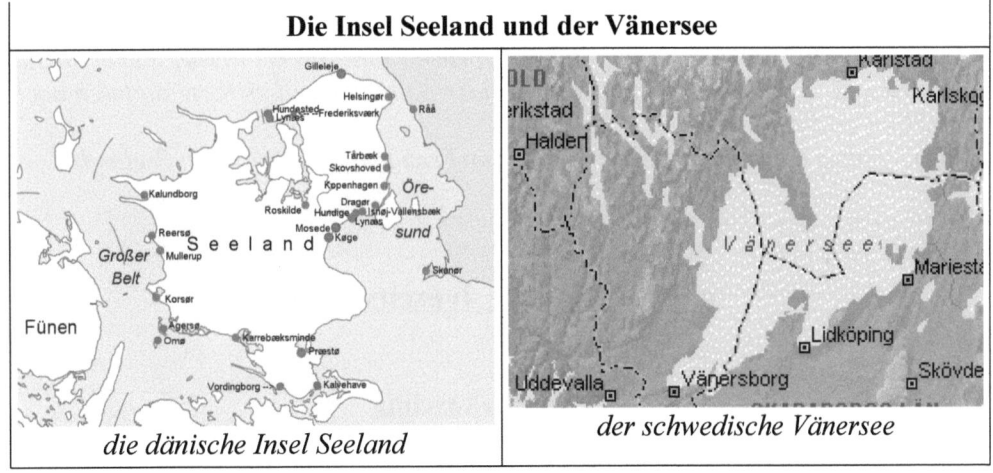

die dänische Insel Seeland

der schwedische Vänersee

4. D f) Skaldskaparmal

Snorri führt die Heiti „*Pflugschar*" für eine edle Frau an. Die „Schar" des Pfluges ist die Eisenplatte des Pfluges, die durch die Erde gezogen wird. Dieses Wort „Schar" ist verwandt mit dem Verb „scharren". Diese Heiti ist sehr wahrscheinlich eine Kurzform von „Göttin der Pflugschar", womit Gefion gemeint sein wird.

4 D g) Die ältere Version der Huldar-Saga

In dieser Saga wird dieselbe Gefion-Mythe berichtet.

Dort, wo in Schweden jetzt der Lögrinn liegt, war vordem die Landschaft Lagarstöd, bis Gefjun das Land von Gylfi erhalten und daraus die Insel Seeland gebildet hatte.

4. D h) Die jüngere Version der Huldar-Saga

In dieser Version der Huldar-Sage ist aus der Mythe schon eine Sage geworden:

Odinn war der Sohn des Bor, der der Sohnes des Buri, dem Häuptlinges der Türken war. Er zog mit den Diar aus Asgard aus und gelangte nach Ódinsey auf Führen.
Von hier aus schickte er die Gefjun nach Schweden, welche nun von Gylfi für ihn Seeland bekam.
Da Odin hörte, daß hier die kürzlich verstorbene Jörd verehrt werde, gab er sie für seine erste Frau und den Thor für ihrer beider Sohn aus und sicherte dadurch auch sich selber größeres Ansehen.
Die Gefjon gab er seinem Sohne Skjoldr zur Frau und überließ ihnen Seeland.

4. E Gefion die Jenseitsgöttin

4. E a) Lokasenna

Gefion:
„Ihr Asen beide, was ist's, daß ihr euch
mit scharfen Worten streitet?
Loptr träumt sich nicht, daß er betrogen ist,
und ihn hier die Himmlischen hassen. "

Loki:
„Schweig Du, Gefion! Sonst vergeß ich's nicht
wie Dich zur Lust verlockte
jener weiße Jüngling, der Dir das Kleinod gab,
als Du den Schenkel um ihn schlangst."

Odin:
„Irr bist Du, Loki, und aberwitzig,
wenn Du Gefion gram Dir machst:
aller Lebenden Schicksal weiß sie
ebensogut wie ich."

In diesem Wortwechsel werden einige neue Eigenschaften der Göttin Gefion erwähnt:

- Gefion hat sich mit einem „weißen Jüngling" vereint. Dies ist vermutlich der „weiße Gott" Heimdall.

- Der „weiße Jüngling" gab Gefion ein „Kleinod". Wie sich aus den Mythen des Heimdall und der Freya ergibt, ist dieses Kleinod die Kette Brisingamen der Göttin Freya, die von Heimdall nach dem Diebstahl der Kette durch Loki von dem Wächter der Asen zurückgeholt wurde. Daraus ergibt sich, daß Gefion und Freya ursprünglich einmal dieselbe Göttin gewesen sind.

- Gefion kennt „das Schicksal aller Lebenden". Das bedeutet, daß sie wie Freya eine Jenseitsgöttin sein muß, denn nur diese kannten das Schicksal. Diese Funktion der Gefion wurde bereits in „Gylfis Vision" von Snorri Sturluson berichtet. Die Verknüpfung von Jenseits und Wahrsagung, Vorherwissen und Schicksalskenntnis ist auch von den Nornen und von den „Seherinnen im Jenseits" gut bekannt, die manchmal von den Asen um Rat befragt werden. Auch dieser Zusammenhang spricht für die Identität von Freya und Gefion.

4. E b) Völsa-Thattr

In den Isländer-Sagas wird in der Völsa-Thattr berichtet, daß eine alte Frau den abgeschnittenen Penis eines toten Pferdes zusammen mit den anderen Hausbewohnern wie ihren Gott verehrt.

Dieses Kultsymbol wird aus der bereits beschriebenen Wiederzeugung im Zusammenhang mit den Jenseitsreisevorstellungen stammen, aufgrund derer man bei einer Jenseitsreise ein Herdentier, d.h. ein Rind, Hirsch, Pferd, Schaf, Ziege, oder Schwein opferte.

Der „Völsi" genannte getrocknete und balsamierte Phallus wurde herumgereicht und jeder sprach die folgenden Verse. Im vorletzten Vers wird jeweils der nächste, der den Völsi erhält, angesprochen. „Völsi" bedeutet „runder Stab" und ist hier eine Beschreibung des Penis. Das Wort an sich war neutral und findet sich z.B. auch in dem Wort „Völva" („Stabträgerin") für „Seherin".

Ich schwöre bei Gefion
und all den anderen Göttern
daß ich gegen meinen Willen
diesen roten Rüssel berühre.

Mögen die Riesinnen
dieses heilige Ding annehmen,
aber nun, Leibeigener meiner Eltern,
ergreife diesen Völsi.

In dieser rituellen gesprochenen Strophe werden zu Beginn der ersten Halbstrophe Gefion und alle Götter angesprochen und zu Beginn der zweiten Halbstrophe die Riesinnen. Offensichtlich sind hier beide Gruppen von „Jenseitsfrauen" (Göttinnen und Riesinnen) weitestgehend identisch.

Gefion ist hier entweder die wichtigste der Asinnen und wird deshalb stellvertretend für alle erwähnt oder sie ist in diesem Zusammenhang die wichtigste der Göttinnen. Da sich dieses Ritual ursprünglich auf die Wiederzeugung bezogen haben wird, die insbesondere in den Mythen der Freya-Gefion erscheint, bestätigt diese Szene die bisherige Deutung der Gefion.

4. F Kenningar

4. F a) Haustlöng

In dem um ca. 900 n.Chr. von dem Skalden Thjodolfr von Hvini gedichteten Lied „Haustlöng" („Herbst-lang") wird „Gefion" als eine Heiti, d.h. eine Ein-Wort-Umschreibung für „Göttin, Riesin, wichtige Frau" benutzt.

Daraus kann man zumindestens schließen, daß Gefion schon zu dieser Zeit eine bekannte Göttin gewesen sein muß.

... bis die Ale-Gefiun damit begann,
den roten Maulhelden, der der Feind des Rostes ist,
durch Zauberlieder von den sich neigenden Hängen
der Wunden zwischen den Haaren des Gottes zu entfernen.

Das *„Verderben des Rostes"* ist der Wetzstein, der ein *„Maulheld"* ist, weil er den *„roten"* Rost frißt.

Der *„wunden-gebende Gott"* ist Thor. Die *„schrägen Hänge seines Haares"* sind Thors Stirn.

In diesen Versen wird beschrieben, wie die Seherin-Zauberin Groa versucht, den Splitter des Wetzsteines, den der Riese Hrungnir auf Thor geworfen hatte und von dem ein Stück in Thors Schädel gedrungen war, durch magische Lieder aus dem Schädel des Thor herauszulösen.

4. G) Zusammenfassung

Gefion scheint eine der wichtigeren Göttinnen gewesen zu sein, da sie in Aufzählungen relativ weit vorne steht und es in einem Ritualspruch die Formulierung „Gefion und alle Götter" gab.

Gefion ist die Totengöttin der Unvermählten. Die von ihr erschaffene Insel Seeland könnte ursprünglich eine Jenseitsinsel gewesen sein, auf der die Toten „leben". Als Totengöttin kennt Gefion auch das Schicksal aller Lebenden.

Sie wurde wie Freya auch als Botin des Odin angesehen – sozusagen als Urbild der Walküren.

Die Asin gilt als unvermählt, aber ist zugleich die Geliebte des „weißen Jünglings", der Heimdall sein wird, und der Mann des Königs Skold/Scyld, der der Ahnherr der dänischen Könige vom Geschlecht der Scyldinge ist. Diese widersprüchliche Aussage (zugleich Jungfrau, Geliebte und Frau) findet sich des öfteren bei den Göttinnen der Wiederzeugung, die der Wiedergeburt vorausgeht. Die Verbindung der Gefion zur Wiederzeugung zeigt sich unter anderem in ihrer Vereinigung mit einem Riesen im Jenseits, ihren vier Stier-Söhnen und in dem Völsi (Penis) in ihrem Kult.

Das Kleinod, das Heimdall ihr gibt, wird das Brisingamen sein, das ein Symbol für die erfolgreiche Jenseitsreise ist.

Ihre Gabe des Gesangs könnte eine neuere Zutat in ihren Mythen sein, da sie sich nicht aus dem Grundcharakter der Totengöttin-Geliebten ergibt.

Gefions Name stammt von den germanisch-romanischen Matronen ab, deren Namen mit -gabiae („Geberinnen") gebildet wurde. Der Matronenname „Frijagabis" bedeutet „Freya-Gefn". Dieser Beiname „Gefn" der Freya hat sich im Laufe der Zeit zu der Göttin Gefion verselbständigt.

Aufgrund dieser Entstehungsgeschichte der Göttin Gefion hat sie sehr viele Charakterzüge mit Freya gemeinsam: Beide sind Totengöttinnen, Geliebte des Heimdall, Botinnen des Odin (Walküre), erhalten von Heimdall ein Kleinod (Brisingamen), tragen den Namen Gefion, und haben vier Zwerge zu Geliebten bzw. vier Stiere als Söhne – was aufgrund der Wiederzeugungs- und Wiedergeburtssymbolik bei einer Jenseitsgöttin dasselbe ist, da die Geliebte des Toten anschließend die Mutter seiner „Wiedergeburt" ist.

5. Hlodyn

„Hlodyn" oder „Hlödyn" ist ein Name der Erdgöttin der Germanen. Sie ist hauptsächlich als Thors Mutter bekannt.

5. a) Der Name „Hlodyn/Hlödyn"

Wie der Riesen-Name „Hloi" wird auch „Hlodyn/Hlödyn" von dem altnordischen Substantiv „hljomr" für „lauter Klang" abgeleitet worden sein. Dieses Riesen-Paar ist somit als „Brüller" und „Brüllerin" benannt worden.

Eine Variante dieses Riesinnen-Namens ist „Hlora". Diese Riesin ist die Frau des Tyr-Riesen Vignir-Loricus, der der (Zieh-)Vater des Thor ist.

Vermutlich ist die Ziehmutter Hlori-Hlodyn des Thor mit der Erdgöttin Jörd identisch, die in den späteren Mythen die Mutter des Thor ist. Wahrscheinlich sind Odin und Jörd nach dem Sturz des früheren Göttervaters Tyr um ca. 500 n.Chr. an die Stelle von Tyr-Vingnir-Loricus und Hlora-Hlodyn getreten, wodurch Thor nicht mehr der Sohn des Tyr war, sondern zum Sohn des Odin wurde – Loricus als Ziehvater des Thor war ein Motiv aus der Übergangsphase zwischen diesen beiden Vorstellungen.

Vermutlich ist Jörd auch schon vor 500 n.Chr. die Frau des Tyr und die Mutter des Thor gewesen. Der Name „Hlora/Hlodyn" („Brüllerin") wird eine Umbenennung der Jenseitsgöttin gewesen sein, da die Jenseitsgöttin als die Wiederzeugungs-Geliebte und die Wiedergeburts-Mutter des ehemaligen Göttervaters Tyr mit diesem zusammen zu einem menschenfressenden Ungeheuer umgedeutet wurde.

Dieser Göttinnen-Name könnte auch eine Variante des Namens der germanischen Göttin Huldar („Helferin") und der germanisch-römisch-keltischen Matrone „Hludana" sein.

Die Göttin „Hludana" wird ausführlich in dem Kapitel über „Huldar" in Band 28 beschrieben.

5. b) Skaldskaparmal

Snorri Sturluson führt in seinen Beschreibungen der Beinamen der Erdgöttin die folgende Strophe aus der Ogmundardrapa an:

'Hlodyn', so wie Stab-Steinn gesungen hat:

Ich erinnere mich daran, wie die düstere Jörd einst
für den Fortgeber der Worte der Dänen
der Knochen der grünen Hlodyn
mit aufgegrabenem Mund gähnte.

Hlodyn = eine Erdgöttin

Jörd = Erdgöttin; Das Adjektiv „myrk" für „düster" wurde eng mit dem „Düster-
wald" („myrkvid") assoziiert, durch den man ins Jenseits gelangte.

Hlodyn = Erde; Knochen der Erde = Felsen; Felsen-Dänen = Riesen; Worte der Riesen = Gold; Fortgeber des Goldes = freigiebiger Fürst

Mund: der gähnende Mund der Erde: das offene Grab oder der offenstehende Eingang des Hügelgrabes

Diese Strophe würde in einer Kenning-freien Übersetzung wie folgt lauten: *„Ich*
erinnere mich, wie düster die Öffnung des Grabes des Fürsten war."

Hlodyn als die Erdgöttin ist hier auch das Grab, das vermutlich einst als der Schoß
der Erdgöttin aufgefaßt worden ist, aus dem heraus die Sonne und die Toten dann
wiedergeboren wurden.

5. c) Die Vision der Seherin

Die Auffassung der Identität von Jörd und Hlodyn wird durch eine Thor-Kenning
aus „Die Vision der Seherin" bestätigt, in der Thor als „Hlodyns Erbe" umschrieben
wird:

Da kommt geschritten Hlodyns schöner Erbe,
Wider den Wurm wendet sich Odins Sohn.

5 d) Kenningar

Mit dem Namen „Hlodyn" auch einige Kenningar gebildet, die sich fast alle auf
Hlodyn als Erdgöttin beziehen.

Erde	*Hlodyn*			Völu-Steinn	Ögmundardrapa
Erde	*Hlödyn*			Snorri Sturluson	Thulur
Felsen	*harte Knochen der grünen Hlodyn*	grün = grasbewachsen		Völu-Steinn	Ögmundardrapa
Thor	*Hlodyns schöner Erbe*			anonym	Vision der Seherin
Thor	*schöner Sohn der Hlodyn*			Snorri Sturluson	Gylfis Vision
König der Dänen	*freigiebiger König der Hlodyn des Düster-Waldes*	Hlodyn = Erdgöttin (mythische Frau des Königs); Düsterwald = Jenseits; Hlodyn des Düster-waldes = Hel/Jenseitsgöttin		Einarr Schreihals Helgason	Vellekla

5 e) Nafna-Thulur

Hlodyn wird auch in den Nafna-Thulur als eine Heiti für „Erde" aufgelistet.

5 f) Zusammenfassung

Der Name „Hlodny/Hlödyn" bedeutet „Brüllerin". Dies ist vermutlich ein neuer Name der Erdgöttin Jörd, der ersonnen wurde, als sie als Frau des Tyr zusammen mit dem gestürzten Göttervater zu Riesin-Ungeheuern umgedeutet wurde.

Falls „Hlodyn" eine Variante von „Huldar" sein sollte, würde dieser Name „Helferin" bedeuten und wäre dann deutlich älter.

Hlodyn war Erd-Riesin auch die Mutter des Thor – und bis 500 n.Chr. vermutlich die Mutter des damaligen Sonnengott-Göttervaters Tyr.

6. Herche/Erce

Diese Göttin ist durch Jacob Grimm in seiner „Deutschen Mythologie" aus vereinzelt auftretenden Namen rekonstruiert worden.

6. a) Jakob Grimm: Deutsche Mythologie

In einem angelsächsischen formular zur herstellung der fruchtbarkeit solcher äcker, denen ein zauber angethan war, kommen zwei bemerkenswerthe anreden vor; einmal heißt es: ›erce, erce, erce, eorðan môdor‹ und es scheint damit nicht die erde selbst, vielmehr ihre mutter gemeint, aber der ausdruck ist noch räthselhaft.

Sollte in Erce (genitiv: Ercan) ein verdunkelter eigenname stecken, der sich mit dem althochdeutscheb adjektiv „ërchan" (simplex, genuinus, germanus) berührte? wäre doch genauer zu schreiben „Eorce"? und mag man sich an die in unserer heldensage berühmte frau Erche, Herkja, Herche, Helche erinnern?

Bedeutsam sind in niedersächsischen gegenden die bestimmten spuren einer göttlichen frau namens Herke oder Harke. In Jessen, einem städtchen an der Elster unweit Wittenberg erzählt man von frau Herke, was an andern orten, wie gezeigt werden soll, von frau Freke, Berhta und Holda gilt.

In der Mark heißt sie frau Harke, in den zwölften soll sie durchs land fliegen und die fülle irdischer güter verleihen, bis zum dreikönigstage müssen die mägde den flachs abspinnen, sonst zerkratzt sie frau Harke oder besudelt den rocken.

Aber in älterer zeit galt der einfachere name, bei Gobelinus Persona findet sich folgende meldung, die also über 1418 hinauf reicht:

Quod autem Hera colebatur a Saxonibus videtur ex eo, quod quidam vulgares recitant se audivisse ab antiquis, prout et ego audivi, quod inter festum nativitatis Christi ad festum epiphaniae domini domina Hera volat per aera, quoniam apud gentiles Junoni aer deputabatur. et quod Juno quandoque Hera appellabatur et depingebatur cum tintinnabulis et alis, dicebant vulgares praedicto tempore: vrowe Hera seu corrupto nomine vro Here de vlughet, et credebant illam sibi conferre rerum temporalium abundantiam.

Haben wir hier noch das alte Ero, Ερα, Hero für erde? und gehört Ήρα dazu? liegt aber im angelsächsischen Erce dasselbe, so muß auch der diminutivform Herke hohes alter gebühren.

Das anderemal wird in jener angelsächsischen formel der erde zugerufen: ›hâl ves thu folde, fira môdor!‹ „heil sei du erde, der menschen mutter", was zu jenem auch von Tacitus ausgedrückten terra mater stimmt.

Die ausgebreitete verehrung der zeugenden, nährenden erde wird ohne zweifel auch unter unsern vorfahren mehrfache benennungen veranlaßt haben, wie sich der Gäadienst und ihrer tochter Rhea mit dem der Ops mater, der Ceres und Cybele mischten.

6 b)   Erd-Heilungszauber aus dem Buch „Lacnunga"

Dies ist ein Heilmittel, mit dem Du Dein Land verbessern kannst, wenn es auf ihm nicht gut wächst oder wenn ihm etwas Schädliches durch einen Zauberer oder einen Zaubertrankmischer angetan worden ist.

Nimm des Nachts vor der Morgendämmerung vier Grassoden von den vier Seiten Deines Landes und markiere die Stellen, von denen Du sie genommen hast.

Dann nimm Öl und Honig und Hefe und Milch von jedem Tier, das auf dem Land ist und ein Teil von jeder Art von Baum, der auf dem Land wächst außer von den harten Hölzern und zudem ein Teil von allen Kräutern, die mit Namen bekannt sind außer der großen Klette und übergieße sie mit Heiligem Wasser und tröpfle dies auf die Unterseiten der Grassoden und sprich dabei neunmal Worte:

„Crescite, wachse,
et mulitplicamini und vermehre Dich,
etreplete und fülle Dich,
terre, Erde.

In nomine patris
et filii et spiritus sancti
sit benedeti. "

Und danach sprich ebensooft das Vaterunser.

Trage dann die Grassoden in eine Kirche und lasse eine Meßpriester vier Messen über den Soden singen und lasse jemanden die grünen Seiten zum Altar hin wenden und lasse danach, bevor die Sonne untergeht, jemanden die Grassoden wieder dorthin bringen, von wo Du sie genommen hast.

Und laß vier Christus-Zeichen (Kreuze) *aus Ebereschenholz machen und darauf an jedes Ende 'Matthäus und Marcus, Lukas und Johannes' schreiben. Lege das Christus-Zeichen auf den Grund der Gruben* (die die entnommenen Grassoden hinterlassen haben) *und sprich dabei:*

„ crux Matthäus,
crux Marcus,
crux Lucas,
crux sanctus Iohannes. "

Nimm dann die Grassoden und lege sie auf sie (die Kreuze) *und sprich neunmal die Worte:*

„ Crescite, wachse,
et mulitplicamini und vermehre Dich,
etreplete und fülle Dich,
terre, Erde.

In nomine patris
et filii et spiritus sancti
sit benedeti. "

Und danach sprich ebensooft das Vaterunser.
Wende Dich danach Osten, verbeuge Dich neunmal ehrfürchtig und sprich dann diese Worte:

„ Ostwärts stehe ich, um Gnade bitte ich,
ich bete zu dem Großen Domine, ich bete zu dem Großen Herrn,
Ich bete zu dem heiligen Schutzengel des Himmels-Königreiches,
ich bete zu der Erde und zu dem Himmel
und zu der wahrhaft sankta Maria
und zu des Himmels Macht und zu des Himmels Halle,
daß ich diesen Galdor (Zaubergesang) *durch das Geschenk des Herrn*
mit meinen Zähnen öffnen (sprechen) *und fest sprechen kann,*
daß ich diese Pflanzen für unseren weltlichen Gebrauch hervorufen kann,
daß ich dieses Land mit festem Glauben erfüllen kann,
daß ich diesen Grasboden schön werden lassen kann,
so wie der Weise gesagt hat, daß der reich sein werde,
der Almosen gerecht gibt in der Gnade des Herrn. "

Drehe Dich dann dreimal in der Richtung des Sonnenlaufes, strecke Dich dann hoch auf und zähle dann die Litaneien auf und sprich anschließend:

"Sanctus, sanctus, sanctus – bis zum Ende. "

Singe dann das Benedicte mit ausgestreckten Armen dreimal und ebenso das Magnificat und das Vaterunser und befiehle es (das Land) *dann Christus und der Heiligen Maria an und auch dem heiligen Kreuz für deren Lobpreisung und Verehrung und für den Nutzen dessen, dem das Land gehört, und für alle, die ihm dienen.*

Wenn dies geschehen ist, lasse einen Mann von Bettlern, denen er sich nicht zu erkennen gibt, Saatgut nehmen und ihnen doppelt soviel zurückgeben, wie er ihnen genommen hat und laß ihn alle seine Pflug-Gerätschaften zusammenholen. Dann laß ihn ein Loch in den Balken (seines Pfluges) *bohren und Weihrauch und Fenchel und geheiligte Seife und geheiligtes Salz hineinstecken.*

Dann nimm die Saat, lege sie auf den Leib des Pfluges und sprich:

„Erce, Erce, Erce, Erd-Mutter,
Möge Dir der Allherscher, der ewige Herr,
gedeihende und blühende Felder gewähren,
die sich fortpflanzen und die kräftiger werden,
hohe Stiele, glänzendes Getreide,
fülliges Gesten-Korn
und weißes Weizen-Korn
und all der Erde Getreide!
Möge der ewige Herr
und seine Heiligen, die im Himmel sind, ihm gewähren,
daß all seine Ernte gegen welche Feinde auch immer geschützt ist,
daß es gegen jeglichen Schaden geschützt ist,
und auch gegen Gifte, die rings um das Land verstreut werden.
Nun bitte ich den Meister, der diese Welt gestaltet hat,
das keine Zauberspruch-Frau und kein kunstfertiger Mann
diese gesprochenen Worte umstoßen kann. "

Dann laß einen Mann den Pflug vorantreiben und die erste Ackerfurche ziehen und sprich:

„Mögest Du heil sein, Erde, Mutter der Menschen!
Mögest Du in Gottes Umarmung wachsen,
erfüllt von Nahrung für das, was die Menschen brauchen. "

Nimm dann von jeder Sorte Mehl und laß jemanden ein Brot backen von der Größe einer Handfläche und knete es mit Milch und mit Weihwasser und lege es unter die erste Ackerfurche.
Dann sprich:

„Feld voll von Nahrung für die Menschheit,
hell-blühend, sei gesegnet,
in dem heiligen Namen dessen, der den Himmel geformt hat
und die Erde, auf der wir leben;
Gott, der den Boden erschaffen hat – gewähre uns das Geschenk des Gedeihens,
daß wir alle Korn für uns haben."

Sprich dann dreimal:

„Crescite in nomine patris, sit benedicti. (Wachse im Namen des Vaters, sei gesegnet.)"

Sprich dann:

„Amen."

Und dreimal das Vaterunser.

6 c) Zusammenfassung

Es scheint eine Erd- und Fruchtbarkeitsgöttin mit dem Namen „Erce" oder „Herche" gegeben zu haben, die möglicherweise mit der griechischen Göttin Hera verwandt ist.
Der Name „Erce" könnte auch dem deutschen Wort „Erde" entsprechen.

7. Fiörgyn

Fiörgyn ist eine sehr alte Göttin, die bei den Germanen allerdings kaum noch eine Rolle gespielt hat. Möglicherweise ist „Fiörgyn" auch keine eigenständige Göttin gewesen, sondern nur ein alter Beiname der Muttergöttin.

7. a) Der Name „Fiörgyn"

Der Name dieser Göttin/Riesin ist mit dem altenglischen Substantiv „firgen" und dem gotischen Substantiv „fairguni" verwandt, die beide „Gebirge" bedeuten. Auch der antike Name „Virgunnea" des deutschen Mittelgebirges ist mit diesem Namen verwandt. „Fiörgyn" scheint somit eine Gebirgsgöttin zu sein, was man wohl als eine Variante der Erdgöttin oder als eine Göttin der Hügelgräber („Berge") auffassen kann.

Der Name der Göttin/Riesen setzt sich aus zwei Worten zusammen: „fiör, fjör, fir, fair, vir" und „gyn, guni, gunnea".

Der erste Teil dieses Namens ist das altnordische Substantiv „fjör" für „Leben". Dieses Wort geht auf das germanische „ferhwae, ferhwu, ferhwuz" für „Leib, Leben" zurück.

Dieses germanische Wort stammt seinerseits von dem indogermanischen Substantiv „perkyus" ab, das „Eiche, Stärke, Kraft, Leben" bedeutet. Diese Kombination dieser Bedeutungen erinnert daran, daß in der germanischen Mythologie die beiden ersten Menschen Ask („Esche") und Embla („Rankenpflanze": Efeu?, Wein?) von den Göttern am Strand (Grenze zwischen Diesseits und Jenseits) aus zwei angeschwemmten Holzstämmen erschaffen worden sind: Die Leiber der beiden ersten Menschen waren „Bäume".

Diese Bäume werden wahrscheinlich auch mit dem Weltenbaum assoziiert gewesen sein, da die Eiche bei mehreren indogermanischen Völkern als Weltenbaum bekannt ist. Vermutlich werden die ersten Menschen (oder nur ihre Seelen?) ursprünglich den Weltenbaum herab aus dem Himmels-Jenseits gekommen sein, bevor sie in männlich-handwerklicher Weise aus dem Stamm des Weltenbaumes selber erschaffen worden sind.

Das erste Wort „fjör" des Namens „Fiörgyn" hat offenbar schon eine lange Geschichte: vom der „Welten-Eiche" als Weg für die Menschen aus dem Jenseits in das Diesseits bei den Indogermanen über den „Baum-Leib" der ersten Menschen bei den frühen Germanen bis hin zum „Leben" bei den Wikingern. Möglicherweise hat es vor dieser Entwicklung die Seele bezeichnet, da eigentlich nur diese über den Weltenbaum in das Diesseits kommt und über ihn wieder in das Jenseits zurückkehrt.

Das zweite Wort „gyn" des Namens „Fjörgyn" wird wahrscheinlich mit dem lateinischen Substantiv „genus" für „Geburt, Kind, Volk" verwandt sein. Im Germanischen findet sich dazu noch das Substantiv „gennja" für „Anfang, Beginn", das eine nur geringfügige Umdeutung von „Geburt" ist. Diese Worte leiten sich alle von indogermanisch „gwetus" für „Bauch, Gebärmutter" ab.

„Fjörgyn" bedeutet somit „die die Menschen/Seelen gebiert" bzw. „die das Leben gebiert". Wenn man zusätzlich die Bedeutung „Gebirge" hinzunimmt, die „Fiörgyn" bei den Germanen hatte, dann ergibt sich daraus „Erdgöttin, die alle Menschen, Seelen und alles Leben gebiert".

In einem angelsächsischen Flursegen wird die Erdgöttin „Folde, fira modor", d.h. „Feld, Mutter der Menschen" genannt. Das angelsächsische „fira" entspricht dem altnordischen „fjör". Anstelle des altnordischen „gyn" für „Geburt" findet sich das angelsächsische „modor" für „Mutter". Letztlich ist der Beiname „fira modor" der Folde mit dem Namen „Fiörgyn" identisch.

Daran, daß man „gyn" durch „modor" ersetzen konnte, zeigt sich, daß die Bedeutung des Namens „Fiörgyn" noch verstanden wurde. „Fiörgyn" war daher ein „sprechender Name", d.h. ein Name, der das Gemeinte beschreibt und noch als Kurzbeschreibung der Essenz des Gemeinten erkannt wurde. Dies ist bei vielen Namen von germanischen Gottheiten noch der Fall wie z.B. bei Thor („Donner"), Odin („Ekstase") oder Wali („Erwählter").

Das Wort „gyn" für „Gebärmutter" findet sich heute z.B. in dem Begriff „Gynäkologie".

Die Verwendung des Wortes „fjör/fiarg" in Umschreibungen für Tempel läßt zumindestens vermuten, daß die Göttin Fiörgyn einst recht wichtig gewesen sein muß.

fjarg-vi	= Fjörgyn-Heiligtum = Lebens-Heiligtum, Götter-Heiligtum = Tempel
fjarg-hus	= Fjörgyn-Haus = Lebens-Haus, Götter-Haus =Tempel
goda-hus	= Götter-Haus = Tempel

7. b) Thulur

Snorri Sturluson zählt „Fiörgyn" in seinen Namenslisten als eine Heiti für „Erde" auf:

Namen für 'Erde':

108

Jörd, Erde, Gepflügte,
Esche und Hlodyn,
Gyma, Sif, Fjörgyn,
Grund, Boden und Rund,
Ebene, Feld und Gebiet,
Boden, Halt-Gebende und Schoß,
Land, Gebend, Ran,
Schlamm und Begräbnis-Platz.

Acker, Hals und Weite,
Hang und Hügel,
Rund-Hügel Heide und Wölbung,
Rund-Hügel und steiler Hügel,
Erdboden, Tal und Wiese,
kleines Tal und Landzunge,
Humus, Fläche, Erdrücken,
Sand-Ebene, Senke und Sand.

Wie diese Liste zeigt, ist auch die Korngöttin Sif als Erdgöttin aufgefaßt worden – was sich auch schon daran zeigt, daß das Getreide als ihr Haar aufgefaßt worden ist. Diese Göttin wird in Band 24 dargestellt.

7. c)   Die Vision der Seherin

In der „Vision der Seherin" wird Thor „Fiörgyns Sohn" genannt. Da Thor ansonsten als Sohn der Erdgöttin Jörd angesehen wird, wird „Fiörgyn" („Menschenmutter") ein Beiname der Jörd („Erde") sein.

Da kommt geschritten Hlodyns schöner Erbe,
Wider den Wurm wendet sich Odins Sohn.
Mutig trifft ihn Midgards Segner.
Doch Fiörgyns Sohn fährt neun Fuß weit
Weg von der Natter, die nichts erschreckte.
Alle Wesen müssen die Weltstatt räumen.

„Hlodyn" ist eine weitere Göttin, die als Thors Mutter angesehen wurde. Ihr Erbe, d.h. ihr Sohn, ist Thor.

Der „Wurm" und auch die „Natter" sind Jörmungandr, gegen den Thor kämpft.

„Midgards Segner" ist ebenfalls Thor, der die Menschen in Midgard mit seinem Hammer sowohl segnet als auch beschützt.

7. d) Harbard-Lied

Auch in diesem Lied erscheint Fiörgyn als die Mutter des Thor:

Harbard (Odin)*:*
„Geringes verlangst Du, doch lang ist der Weg:
Eine Stunde zum Stocke, zum Stein eine andre.
Den linken Weg wähle bis Du Werland erreichst.
Da trifft Fiörgyn ihren Sohn Thor:
Die wird ihm der Verwandten Wege zeigen
Zu Odins Land. "

7. e) Skaldskaparmal

Snorri Sturluson führt ein Lied ohne Angabe des Dichters und des Namens des Liedes an, in dem Fiörgyn die Erde verkörpert:

Ich war dem freigebigen Geber
des Strömungs-Bettes der Schlange der Fiörgyn treu;
Möge die Ehre von dem Geber
des Strömungs-Goldes der Riesen gut bedacht werden.

Diese Kenning ist nicht ganz korrekt. Die Phrase *„Flußbett der Schlange der Fiörgyn"* soll offensichtlich „Gold" bedeutet. Gold ist nun entweder das „Lager der Schlange" (Totengeist in Schlangengestalt auf seinem Grabschatz in seinem Hügelgrab) oder das „Feuer im Fluß" (die im Meer versinkende goldene Sonne). Eine mit „Fiörgyn" oder einer anderen Umschreibung für Erde gebildete Gold-Kenning ist ansonsten nicht bekannt. Die „Schlange der Erde" ist jedoch Jörmungandr und dessen „(Fluß-)Bett" ist das Meer, in dem sie rings um Midgard liegt. Daher fehlt das Wort „Feuer" oder „Sonne" in der genannten Kenning – sie müßte eigentlich *„freigiebiger Spender der Sonne des Flußbettes der Schlange der Fiörgyn"* lauten.

In der Gold-Kenning *„Strömungs-Gold der Riesen"* sind die beiden Gold-Kenningar „Stimme der Riesen" und „Strömungs-Feuer" vermischt worden.

110

7. f) Jakob Grimm: Deutsche Mythologie

Einer der steilsten berge der steirischen alpe, nicht weit davon ein flüßchen genannt der Donnersbach. Mit einem andern wort also drücken die Slaven gott und naturerscheinung aus, jenen altslavischen durch Perun, polnisch Piorun, böhmisch Peraun; bei den Südslaven scheint es früher ausgestorben, lebt aber noch in ableitungen und ortsnamen fort, Dobrowsky führt es auf die wurzel peru, ferio, quatio zurück, und vielleicht hat dieser passende sinn eben zur entstellung der echteren wortform beigetragen. ich möchte ihr ein ausgefallnes k zutrauen: der litthauische, lettische, altpreußische donnergott heißt Perkunas, Pehrkons, Perkunos, und eine menge von ortsnamen sind damit zusammengesetzt. lithauisch Perkunas grauja (Perkunas donnert), Perkunas musza (Perkunas schlägt); lettisch Pehrkons sperr (der donner schlägt ein). das slavische perun wird heutzutage weniger persönlich verwendet, und mehr vom blitzstrahl gebraucht.

Schon Procop (de bello gothico) sagt von den Sclavenen und Anten: θεὸν μὲν γὰρ ἕνα τὸν τῆς ἀστραπῆς δημιουργὸν ἀπάντων κύριον μόνον αὐτὸν νομίζουσιν εἶναι, καὶ θύουσιν αὐτῶ βόας τε καὶ ιεραῖα ἀπάντα. Wiederum war dem Perun die eiche geweiht und alte urkunden bestimmen nach ihr die grenzen (do perunova duba), und die eichel hieß den Römern juglans d. i. joviglans, Jovis glans, des väterlichen gottes frucht; der blitz soll gern in eichen einschlagen.

Perkun gemahnt nun an jenen morduinischen donnergott Porguini, noch merkwürdiger an einen gothischen ausdruck, der freilich wie er bei Ulfilas erscheint, alle personification eingebüßt hatte. das gothische neutrum faírguni bedeutet berg, ὄροςg. wie wenn es vorzugsweise der Donnersberg gewesen und ein verlornes Faírguns des gottes name wäre? man dürfte die bedeutung von faírguni = mons unverändert behalten, und in das masculinum Faírguns oder Faírguneis, folglich in Perkunas, den sinn jenes ἄκριος legen? ein schicklicher nebenname für den donnergott. Fergunna, dessen endung an Patunna anklingt, bezeichnet im chronicon moissiacense anno 805 keinen einzelnen ort, sondern das erzgebirge, und Virgunnia den waldgebirgstrich zwischen Ansbach und Ellwangen.

Wolfram sagt von seinem waltswenden: der Swarzwalt und Virgunt müesen dâ von œde ligen. in zusammensetzungen, ohne welche es völlig untergegangen wäre, kann das althochdeutsche virgun, angelsächsisch firgen entweder bloß den begrif des bergigen, waldigen enthalten oder auf einen verdunkelten gottesnamen bezogen werden. wie es darum stehe, daß mit faírguni, virgun, firgen göttlichverehrte wesen zusammenhängen, ergibt sich offenbar aus dem altnordischen Fiörgyn, genitiv Fiörgynjar, worunter in der edda Thôrs mutter, die göttin Erde verstanden wird; und außer ihr tritt noch ein männlicher Fiörgynn, genitiv Fiörgvins, Fiörgyns auf, als vater der Frigg, Odins gemahlin.

In allen diesen wörtern muß man faírg, firg, fiörg, als wurzel annehmen, und nicht abtheilen faír-guni, fír-gun, fiör-gyn. Nun sind zwar alle Anzeis, alle Aesir, auf bergen thronend und auch Firgun dürfte für mehrere gelten, vorzugsweise wird aber dieser name von Donar und seiner mutter in anspruch genommen werden können, wie Perun, Perkun lehren und hernach noch die bedeutung berg und fels für hamar bestätigen soll. Wie Zeus ενά*κριος so hieß Pallas, seine tochter, ακρι*́*α, ορεστε*́*ρα Γα*͂*, μα*͂*τερ αυτου*͂* Διο*́*ς; der mythus überträgt von dem vater auf mutter und tochter. Von des Donners mutter wissen noch die märchen und unbedenklich sind die sagen von dem teufel, seinem bad und seiner großmutter vergröberung heidnischer vorstellungen des donnergottes. Lasicz meldet: Percuna tete mater est fulminis atque tonitrui, quae solem fessum ac pulverolentum balneo excipit, deinde lotum et nitidum postera die emittit. teta drückt sonst eben matertera, nicht mater aus.*

7. g) Zusammenfassung

„Fiörgyn" bedeutet „die die Menschen/Seelen gebiert". Sie ist eine Gebirgsgöttin und ein Beiname der Erdgöttin Jörd.

Da Thors Mutter sowohl Jörd als auch Fiörgyn und Hlodyn genannt wird, werden diese drei Göttinnen miteinander identisch sein.

Der Beiname „fira modor" („Menschen-Mutter") der angelsächsische Erdgöttin „Folde" („Feld") ist eine Variante von „Fiörgyn". Die beiden ersten Worte „fjör" bzw. „fira" sind identisch. Die beiden zweiten Worte in diesen Göttinnen-Namen drücken von ihrem Sinn her dasselbe aus: Das altnordische „gyn" für „Geburt" entspricht dem angelsächsischen „modor" für „Mutter".

8.   Gyma

Auch diese Göttin wird nur sehr selten genannt.

8. a)   Thulur

Snorri Sturluson führt in seinen Thulur (die in diesem Buch schon mehrfach angeführt worden sind) auch den Namen *„Gyma"* für die Erde auf.

Dieser Name ist das weibliche Gegenstück zu dem Meeres-Riesen Gymir, der mit Ägir und Hler identisch ist. Diese drei Riesen sind der ehemalige Sonnengott-Göttervater Tyr in der nächtlichen Wasserunterwelt.

Die beiden Namen „Gyma" und „Gymir" leiten sich von „gumi" für „Mann, Mensch" ab, die mit den beiden lateinischen Worten „homo" für „Mensch" und „humus" für „Erde" verwandt sind und letztlich von dem indogermanischen „ghmon" für „Erdling" im Sinne von „Mensch" abstammen.

Die beiden Namen „Gyma" und „Gymir" sind somit die vollständigeren Versionen des Namens des Urriesen Ymir, bei dessen Namen das Anfangs-G fortgefallen ist.

Gymir ist somit das Meer als das Blut des Urriesen Ymir/Gymir und Gyma ist die Erde als das Fleisch dieses Urriesen. „Gymir und Gyma" sind somit „Meer und Erde", was einen sehr archaischen Eindruck macht.

Das Wort „Gymir" wird auch in der Bedeutung „Meer" benutzt. Sowohl „Ägir" als auch „Gymir" bezeichnen die weite See.

Ein „Gymbill" ist ein junger Widder" und ein „Gymbr" ein einjähriges, weibliches Schaf. Es hat somit den Anschein, als ob Erde und Meer auch als Widder und Schaf angesehen worden seien. Diese Auffassung wird dadurch wahrscheinlicher, daß auch Tyr-Heimdall sowie auch sein Gegner Loki die Gestalt eines Widders annehmen konnten – Tyr ist in der Unterwelt Ägir-Gymir.

Die Wurzel dieser Worte ist vermutlich das indogermanische Substantiv „ghimo" für „Winter, Schnee".

Insgesamt entsteht somit das Bild des ehemaligen Sonnengott-Göttervaters Tyr-Ägir-Gymir in der winterlichen („Schnee") Wasserunterwelt, in der er sich bei seiner Wiederzeugung in einen Widder verwandelt (siehe auch „Widder" in Band 42 und „Wiederzeugung" in Band 51).

Es gibt noch eine zweite Fährte, die man verfolgen kann, um den Namen „Gymir" zu ergründen.

Tyr ist als der rangmäßig „erste Riese" dem Ymir als dem größenmäßig und alters-
mäßig „ersten Riesen" gleichgesetzt worden. Dies geschah vermutlich um 500 n.Chr.
bei der Absetzung des Tyr als Göttervater, weil Thor den Tyr-Riesen so erschlug wie
zuvor die Asen den Ymir-Riesen erschlagen hatten.

Im Hymir-Lied erscheint der Vater des Tyr, also der „alte Tyr als Riese in der Unterwelt" unter dem Namen „Hymir". Dieser Name, der „Finsterer" bedeutet, könnte
gezielt als Assoziation zu „Ymir" ausgewählt worden sein. Dasselbe könnte auch auf
„Gymir" zutreffen.

Wenn dies zutreffen sollte, würden vermutlich sowohl „Hymir" als auch „Gymir"
eine Gleichsetzung des Tyr-Ägir mit dem von den Asen getöteten Ymir bewirken.

„Gymir", „Hymir", „Ymir" und die Endung „-mir" der der ersten Riesen Aurgelmir,
Thrudgelmir und Bergelmir, die auf den Urriesen Ymir gefolgt sind, sind letztlich
sehr wahrscheinlich dasselbe Wort, mit dem der Urriese und der ihm gleichgesetzte
ehemalige Göttervater Tyr als Jenseits-Riese bezeichnet worden sind.

Es bleibt jedoch zunächst unklar, woher die weibliche Form „Gyma" des Beinames
„Gymir" des Tyr in der Wasserunterwelt stammt.

8 b)   Der Riese Vid-Gymir

Dieser Riese wird lediglich in einem Lied des Skalden Ulfr erwähnt, das von Snorri
in seiner Skaldskaparmal zitiert wird.

Dies ist die geläufige Übersetzung der betreffenden Textstelle, an der Thors Kampf
mit der Midgardschlange beschrieben wird:

Und noch einmal sang Ulfr:

Der Weit-Gymnir der Furt des Wimur
schlug den glitzernden Kopf der Schlange
heftig gegen die Wogen.
Mit alten Geschichten ist dieser Schild bemalt.

Hier wird er 'Riese der Furt des Wimur' genannt. Es gibt einen Fluß, der Wimur
genannt wird und den Thor durchwatete, als er zu der Festung des Geirröd zog.

Der Fluß Wimur ist der Jenseitsfluß. Er wurde oft auch mit dem Meer gleichgesetzt.
Sein Name leitet sich wahrscheinlich von dem germanischen „wem" für „sprudeln,
wimmeln" ab und bedeutet demnach in etwa „Fließender, Reißender, Wasserreicher".

Da der Name „Gymnir" nur an dieser einen Stelle erscheint, wäre es denkbar, daß es sich um einen Schreibfehler für „Gymir" handelt oder dieser Name hier mit der Endung „-nir" statt „-ir" gebildet worden ist.

Der Name „vidgymnir" läßt sich auf mehrere Weisen übersetzen, da „vid" sowohl „weit" als auch „wider, gegen" und „weiß" bedeuten kann und zudem noch die in zusammengesetzten Substantiven verwendete Form von „vidr" für „Baum, Mann" ist. Da Thor nirgendwo sonst als Riese bezeichnet wird und er der Hauptgegner der Riesen und insbesondere des Tyr-Riesen ist, liegt es nahe, „Vidgymnir" als „Gegner des Tyr-Riesen Gymir" zu übersetzen, was eine genaue Beschreibung der Haupttätigkeit des Thor ist.

Aufgrund der oft recht kreativen Wortstellung und dem Fortlassen von vielen Hilfsverben, Pronomina u.ä. in den Skaldenliedern ist die Deutung der Sätze oft nicht ganz eindeutig.

Das Folgende ist das Original der betreffenden Stelle, der fettgedruckt die deutschen Übersetzungen beigefügt sind:

*Víðgymnir **Gegner des Gymir** laust **schlagen** Vimrar **Wimur***
*vaðs **Furt** af **von/fort/weg** fránum **glänzend** naðri **Natter***
*hlusta **Ohr** grunn **Grund** við **gegen** hrönnum **Woge**.*
*Hlaut **Opferblut** innan **von innen her** svá **so/dann** minnum **erinnern**.*

*Hér **Hier** er **welcher** hann **er** kallaðr **genannt** jötunn **Riese** Vimrar **Wimurs** vaðs* ***Furt**. Á **Fluß** heitir **heißen** Vimur **Wimur**, er **welcher** Þórr **Thor** óð **durchwatet**,* *þá **als** er **welcher** hann **er** sótti til **nach** Geirröðargarða **Geierrödsgard**.*

Dieser Text läßt sich wie folgt in normales Deutsch übertragen:

Der Gegner des Gymir schlägt an Wimurs
Furt das Ohr der glänzenden Natter
von seinem Grund in die Wogen hinein.
Er wird sich an das von innen her kommende Opferblut erinnern.

Hier wird er „Riese an Wimurs Furt" genannt. Der Fluß, den Thor durchwatet, als er nach Geirödsgard zog, heißt Wimur.

Der „Grund des Ohres" ist der Kopf.

Das „Er" in der vierten Zeile der Strophe bezieht sich auf die Midgardschlange Jörmungandr. Die Umschreibung „Opferblut" für das Blut des Jörmungandr ist zum einen als Ironie gemeint und zum anderen als Bestätigung dafür, daß es richtig ist, diese Riesenschlange zu töten. Zudem brauchte Ulfr das Wort „Hlaut" für seinen Stabreim: „vidgymir – vimrar – vads" und „hlusta – hrönnum – hlaut".

Vermutlich hat Snorri die erste Zeile falsch aufgefaßt – zumindestens steht seine Deutung im Widerspruch zu der hier vorgezogenen Übersetzung „Der Gegner des Gymir schlägt an Wimurs Furt … ".

8. c) Zusammenfassung

Die Riesin Gyma, die von Snorri zu den Namen für die Erde gezählt wird, ist vermutlich die Erde als das Fleisch des Urriesen Ymir, dessen Name ursprünglich „Gymir" gelautet hat.

Möglicherweise handelt es sich bei Gymir und Gyma um ein altes mythologisches Götterpaar: um die Erde Gyma und das Meer Gymir. Es ist allerdings auch eine recht späte Komplementärbildung zu „Gymir" denkbar.

9.   Folde

Die Erdgöttin „Folde" ist nur aus einem angelsächsischen Flursegen bekannt. In diesem Segen, der die Fruchtbarkeit der Felder fördern soll, wurden in einen christlichen Rahmen viele alte germanische Elemente eingefügt.

9. a)   Der Name „Folde"

Der Name dieser Göttin leitet sich wie die beiden deutschen Worte „Feld" und „Flur", das englische „field", das isländische „fold" und viele andere Worte in den indogermanischen Sprachen von dem indogermanischen Adjektiv „pel" für „platt, eben, breit" her, mit dem offenbar auch die für die Landwirtschaft gerodeten Flächen bezeichnet wurden.

Das Wort „Folde" für „Feld" wurde genauso wie das Wort „Jörd" für „Erde" auch zur Bezeichnung der Göttin der Erde und der Felder benutzt. „Jörd" wird ihrem Namen nach die Erde als ganzes mit allen Wäldern, Bergen, Tälern und Feldern bezeichnet haben, während „Folda" ähnlich wie die Göttin Sif nur mit den Feldern der Bauern verbunden gewesen sein wird.

9. b)   Angelsächsischer Flursegen

In diesem recht langen und differenzierten Ritual wechseln sich Ritualanweisungen und Anrufungen ab, wobei die Teile, die alte germanische Verse enthalten, vollständig niedergeschrieben wurden, während die christlichen Texte wie z.B. das „Vater unser", die allgemein bekannt waren, nur mit ihrem Titel angegeben sind.

Das große Alter der angelsächsischen Teile dieses Flursegens ist auch daran erkennbar, daß sie Stabreime enthalten.

Es gibt in dem Text zwei direkte Anreden an Mutter Erde:

- „*eorðan môdor*" = „Erd-Mutter"
- „*folde, fira môdor*" = „Feld-Erde, Erd-Mutter"

Das Wort „eordan" ist mit dem deutschen „Erde" verwandt. Das Wort „yrd" für Erde, das in dem Gebet benutzt wird, ist vermutlich mit „Jörd" verwandt.

Im Folgenden ist nur der Teil des Rituales, der die germanischen Anrufungen der Erdmutter enthält, wiedergegeben.

117

„Ich stehe ostwärts gewandt, ich erbitte Gnade,
ich bitte die Erde, ich bitte den Himmel,
... ...
uns Früchte zu geben zu unserem Gebrauch
und unsere Felder zu füllen
... ...“

Drehe Dich dreimal im Sonnenlauf, strecke Deine Arme aus und singe „Sanctus, Sanctus, Sanctus“.

Das „Drehen im Sonnenlauf“, also im Uhrzeigersinn, ist sicherlich nicht christlichen Ursprungs.

Es folgen nun eine ganze Reihe von christlichen Gebeten wie das Benedivtus, das Magnificat und das Paternoster.

Dann folgt wieder ein germanischer Teil dieses Flursegens:

„Erce, Erce, Erce, Erdenmutter!
Es gönne uns der allwaltende ewige Herrscher,
daß die Äcker grünen und gedeihen,
voll werden und sich kräftigen,
Er gönne ihm Garben zu ernten
Und des Roggens Wachstum
Und des weißen Weizens Wachstum
Und aller Erde Wachstum –
Es gönne ihm der ewige Herr
und seine Heiligen, die im Himmel sind,
daß sein Erdboden geschützt sei gegen alle Feinde immerdar,
und daß sie geborgen seien gegen alles Übel,
und gegen die Zauberlieder, die im Land sind.
Nun bitte ich Dich Waltender, der die Welt geordnet hat,
daß keine beredte Frau und kein kundiger Mann
zu wenden vermöge das Wort, das gesprochen wurde.“

Nun soll die erste Furche gezogen werden.
Dann sprich:

„Heil sei Dir, Folde, Mutter der Menschen!
Sei Du grünend in Gottes Umarmung,
Mit Frucht gefüllt den Irdischen zu nützen.“

Nun folgen wieder christliche Gebete.

Die Gebete werden offenbar von einem Priester gesprochen, der im wesentlichen ein Christ ist, aber offenbar einige germanische Bräuche in seinen Kult integriert hat. An dem mehrfachen „gönne ihm" u.ä. läßt sich erkennen, daß es nicht der Bauer selber ist, der diesen Segen für seine eigenen Felder gesprochen hat.

Die „*beredte Frau*" und der „*kundige Mann*" waren offenbar zauberkundige Menschen, d.h. Personen, die noch nicht von der germanischen Religion zum Christentum konvertiert waren.

Das „Grünen" der Erdmutter „in Gottes Umarmung" könnte eine Erinnerung daran sein, daß die Wiederzeugungssymbolik auch bei den Germanen auf die Pflanzen übertragen worden ist – so wie so gut wie alle Ackerbauern die Vorstellung hatten, daß das Getreide im Jenseits gezeugt und dann von der Muttergöttin im Frühjahr wiedergeboren wurde.

In den Mythen der meisten Ackerbauer-Völker wurde das Getreide als Korngott personifiziert, der im Herbst bei der Ernte starb und im Frühjahr beim Keimen des neuen Getreides wiedergeboren wurde. Bei den Indogermanen ist das Getreide jedoch meistens die Tochter der Muttergöttin, die von ihrer Mutter in der Unterwelt gesucht wird.

Die germanische Variante dieser Mythe ist der Raub der Haare des Krongöttin Sif, die das Getreide symbolisieren, durch Loki. Anschließend mußte Loki künstliches goldenes Haar aus der Unterwelt für Sif beschaffen, was der Rückkehr der Tochter aus der Unterwelt entspricht (siehe den Band 24 über die Göttin Sif).

9. c) Zusammenfassung

„Folde", „Eorda" und „Yrd" waren Bezeichnungen für „Feld" und „Erde". „Folde" wurde jedoch auch als die Mutter der Menschen angesehen. Sie wurde um reiche Ernten gebeten.

Es könnte die Vorstellung gegeben haben, daß ein Gott zusammen mit der Erdgöttin Folde das Getreide gezeugt hat. Möglicherweise gehört Lokis Verhältnis zu der Korngöttin Sif ebenfalls zu dieser Symbolik.

10. Haudr

„Haudr" ist einer der vielen Namen für die Erde. Er scheint den Erdboden zu bezeichnen und ist einer der Namen für die Erde, der möglicherweise auch für die Erdgöttin benutzt wurde – dies ist jedoch recht unsicher.

10. a) Die Bedeutung des Wortes „Haudr"

Das altnordische Substantiv „haudr" bedeutet Snorri zufolge „Erde, Boden". Die wörtliche Bedeutung dieses Wortes bzw. sein Ursprung sind jedoch unklar.
Ähnliche altnordische Worte sind
     1. „hedra" für „hier", mit dem „hid" für „(Bären-)Lager" und „hidast" für „sich einrichten, sich niederlassen" verwandt sind,
     2. „heidr" für „Hochebene, Heide",
     3. „hodd" für „Schatz, Gold, Hort",
     4. „hud" für „Haut des Großviehs",
     5. „häd" für „Hügel, Anhöhe", und
     6. „höd" für „Höhe".
Im Angelsächsischen, das dem Altnordischen am nächsten verwandt ist, findet sich lediglich „had" für „Person, Stand, Weise, Natur, Wesen, Brauch, Regel".
Im Althochdeutschen könnte lediglich „hadun" für „Schößling" mit dem altnordischen „haudr" verwandt sein.
Die germanischen Wurzel für diese Worte sind
     1. das Verb „had" für „bedecken (das Lager als geschützter, bedeckter Ort, an dem man sich niederläßt sowie der unter der Erde in einem Hügelgrab verborgene Schatz – englisch „to hide" = „verbergen"),
     2. das Wort „her" für „hier" und
     3. das Adjektiv „hauga, hauha" für „hoch sein".
Wenn man diese drei Bedeutungen kombiniert, ergibt sich „der hohe bedeckende Hügel hier", d.h. ein Hügelgrab. „Haudr" bedeutet daher wahrscheinlich „Hügelgrab" und könnte wie Hel („Höhle" = Grabkammer) ein Name der Jenseitsgöttin als die Wiederzeugungs-Geliebte der Toten gewesen sein.

120

10. b)   Skaldskaparmal

In der folgenden Strophe aus einem Lied des Einarr könnte „Haudr" auch die Landesgöttin sein, die als die Frau des Königs angesehen wurde:

'Haudr', so wie Einarr gesungen hat:

Kühne, strahlende Männer verteidigen kraftvoll
die Haudr des Fürsten mit dem Schwert.
Viele Helme zerbersten
in dem wütenden Schneiden-Sturm.

10. c)   Thulur

Namen für 'Erde':

Jörd, Fjörn, Rofa,
Esche und Hlodyn,
Gyma, Sif, Fjörgyn,
Grund, Haudr und Rund,
Ebene, Feld und Gebiet,
Boden, Halt-Gebende und Schoß,
Land, Gebende, Rand,
Schlamm und Begräbnis-Platz.

Acker, Hals und Weite,
Hang und Hügel,
Rund-Hügel, Heide und Wölbung,
Kreis-Hügel und steiler Hügel,
Erdboden, Tal und Wiese,
kleines Tal und Landzunge,
Humus, Fläche, Erdrücken,
Sand-Ebene, Senke und Sand.

„Jörd", „Hlodyn" und „Fiörgyn" sind Namen der Erdgöttin.

„Fjörn", „Rofa", „Gyma" und „Haudr" sind vermutlich ebenfalls Namen der Erdgöttin.

Auch Sif wird als Erdgöttin angesehen.

Mit „Esche" ist „Eschenland" gemeint – evtl. wurden die Eschen wie das Getreide als die Haare der Erdgöttin aufgefaßt.

„Hals": Midgard ist eine Insel im Weltmeer; Midgard = Erde = Erdgöttin; das Meer ist die „Kette" um den „Hals" der Erdgöttin; folglich ist die Erde der „Hals" der Erdgöttin.

10. d)   Zusammenfassung

„Haudr" ist sehr wahrscheinlich ein Name der Erdgöttin als Frau des Königs, d.h. als Jenseitsgöttin. Ihr Name bedeutet vermutlich in etwa „hoher, runder Hügel, der die Grabkammer bedeckt".

„Haudr" ist daher wahrscheinlich eine Variante der Hel, deren Name „Höhle" sich aus der Vorstellung der Jenseitsgöttin als Wiederzeugungs-Geliebter und Wiedergeburts-Mutter in der Grabkammer („Höhle") des Hügelgrabes ergeben hat.

11. Mona

Dieses weibliche mythologische Wesen ist nur aus einer Kenning bekannt.

11. a) Der Name „Mona"

Das altnordische Wort „mona" ist eine der vielen Weiterbildungen des germanischen „momo", das auf das indogermanische Substantiv „mama" für „Mutter" zurückgeht.

„Mona" ist folglich die „Erdmutter". Als solche war sie aus germanischer Sicht zwar eine Riesin, die jedoch den Asen und Asinnen sehr nahe stand.

„Mona" ist auch der Name der britischen Insel Angelsey gewesen, deren Name auf walisisch „Ynys Mon" („Ynys" = „Insel") lautet, woraus durch eine Latinisierung „Mona" wurde. Diese Insel war bis zur Eroberung durch die Römer um 61 n.Chr. ein wichtiges Zentrum der Druiden.

11. b) Skaldskaparmal

Snorri Sturluson zitiert in seiner Saldskarparmal den Skalde Einarr vier Verse, in der das Meer „Monas Gürtel" genannt wird:

Viele Tage wäscht der Ozean
die dunklen Planken des Decks
unter dem gnädigen Fürsten;
Schneestürme zerfurchen Monas Gürtel.

Zwei gängige Kenningar für das Meer war „Halsreif der Erde" und „Gürtel der Erdgöttin". Dem liegt das Bild zugrunde, daß Midgard eine Insel in dem Weltenmeer ist und daß das Meer daher die von den Menschen bewohnte Erdscheibe umgibt. Da diese Erde, d.h. Midgard, auch als Göttin angesehen wurde, konnte man das Meer, das sie rings umgab, auch mit dem Halsreif oder dem Gürtel vergleichen, der ebenfalls die Göttin (in Frauengestalt) rings umgab.

Aus der Bezeichnung des Meeres als „Monas Gürtel" ergibt sich somit, daß „Mona" die Erdgöttin sein muß.

11. b) Zusammenfassung

„Mona" bedeutet „Mutter" und ist ein Name der Erd-Riesin. Sie entspricht daher Jörd, Fiörgyn, Folde usw.

12. Die anonyme Erdgöttin

Manchmal wird zwar nur die „Erde" genannt, aber dabei doch als bewußtes, handelndes Wesen angesehen, sodaß nicht die physische Erde, sondern die Erdgöttin gemeint sein muß – was damals allerdings keinen Unterschied gemacht hat, da die physische Erde der Leib der Erdgöttin gewesen ist.

12. a) Das Alwis-Lied

In diesem Lied werden einige Erd-Heitis aufgezählt. Bei diesen Umschreibungen läßt sich nicht immer sagen, ob nur die „Substanz Erde" oder eine Erdgöttin gemeint ist.

Thor:
„So sage mir, Alwis, da alle Wesen,
Kluger Zwerg, Du erkennst,
Wie heißt die Erde, die allernährende,
In den Welten allen?"

Alwis (Tyr):
„Erde den Menschen, den Asen Feld,
Die Wanen nennen sie Weg,
Allgrün die Joten, die Alfen Wachstum,
Lehm heißen sie höheren Mächten."

12. b) Kräuterbuch aus dem 12. Jahrhundert

Erde, göttliche Mutter,
Mutter Natur, die Du alle Dinge hervorbringst
und die Du die Sonne neu gebierst,
die Du allen Völkern gegeben hast;
Wächterin des Himmels und des Meeres
und aller Götter und Mächte,
durch Deine Macht wird die ganze Natur still
und sinkt in Schlaf.
Und dann bringst Du wieder das Licht zurück

und vertreibst die Nacht
und dann bedeckst Du uns wieder
aufs Sicherste behütet mit Deinen Schatten.
Du trägst in Dir das unendliche Chaos,
ja, und Winde und Regen und Stürme;
Du sendest sie aus, wann Du willst
und läßt die See sich emporbäumen;
Du vertreibst die Sonne und erweckst den Sturm.
Und wenn Du willst, sendest Du den frohen Tag aus
und gibst die Speise für das Leben in ewiger Gewißheit;
und wenn die Seele fortgeht, dann kehren wir zu Dir zurück.
Du wirst mit Recht die große Mutter der Götter genannt;
Du herrschst durch deinen göttlichen Namen.
Du bist die Quelle der Stärke der Völker und der Götter,
ohne Dich kann nichts vollendet oder geboren werden,
Du bist die Königin der Götter.
Göttin! Ich verehre Dich als göttlich,
ich rufe Deinen Namen an,
gib mit gerne das, worum ich Dich bitte.
Dann werde ich Dir meinen Dank geben, Göttin,
in ungeteiltem Vertrauen!

Höre mich, ich rufe Dich an,
und gewähre mir die Erfüllung meines Gebetes.
Welches Kraut auch immer Deine Macht erschaffen hat,
gib' es, darum bitte ich, freigiebig allen Völkern,
um sie zu erretten und um mir dieses Heilmittel zu geben.
Komme zu mir mit Deiner Macht,
und für wen auch immer ich sie benutze,
mögen sie Erfolg haben,
bei jedem, dem ich sie gebe!
Was immer Du tust, laß' es gedeihen!
Zu Dir kehren alle Dinge zurück.
Die, die rechtens diese Kräuter von mit erhalten,
laß' sie heil werden!
Göttin, ich bitte Dich,
ich bete zu Dir, daß Du, die Gebende,
mir dieses in Deiner Herrlichkeit gewährst!

Nun stelle ich diese Fürbitte

an euch alle, ihr Mächte und Kräuter
und an Deine Herrlichkeit,
an euch, die die Erde geboren hat,
die euch allen Völker als Heilmittel gegeben hat,
die euch Herrlichkeit gegeben hat;
ich bitte euch,
seid der Menschheit von größtem Nutzen!
Dies erbete ich und erbitte ich von euch:
Seid hier mit euren Gaben,
denn die, die euch erschaffen hat,
hat versprochen,
daß ich euch im Wohlwollen dessen sammeln kann,
dem die Kunst der Heilkräuter verliehen wurde,
und gewährt um der Gesundheit willen
gute Heilmittel durch eure Macht!
Ich bitte euch,
gewährt mir durch eure Gaben,
daß das, was immer durch mich geschaffen wird,
eine gute und schnelle Wirkung
und einen guten Erfolg hat
und daß es mir immer erlaubt sein wird,
durch die Gunst eurer Herrlichkeit
euch in meinen Händen zu sammeln
und eure Früchte aufzulesen.
Ich danke euch im Namen der Herrlichen,
die euch eure Geburt gegeben hat!

12. c) altenglischer Bienensegen

Zu einem Bienenschwarm nimm Erde von unter Deinem rechten Fuß, wirf sie mit Deiner rechten Hand und sprich:

„Greife ich unter den Fuß, finde ich es.
Ja, die Erde hat Macht gegen jedes Wesen
und gegen den Ärger und gegen die Vergeßlichkeit
und gegen die Zunge des mächtigen Mannes. "

Und nun wirf Sand über sie, wenn sie schwärmen, und sprich:

„Setzt euch, siegreiche Frauen, sinkt zu Boden!
Niemals sollt ihr wild zum Wald fliegen.
Seid ebenso bedacht meines Besitzes,
wie ein jeder Mensch ist der Speise und der Heimat. "

In diesem Segen bzw. Zauberspruch wird insbesondere die Macht der Erde über alle Wesen betont, der darin begründet liegen wird, daß die Erde die Mutter aller Geschöpfe ist.

12. d) Sigdrifa-Lied

In diesem Lied findet sich ein Erd-Segen:

Sigurd setzte sich nieder und fragte nach ihrem Namen. Da nahm sie ein Horn voll Met und gab ihm Minnetrank.

„Heil Dir Tag, Heil euch Tagessöhnen,
Heil Dir Nacht und nährende Erde:
Mit unzornigen Augen schaut auf uns
Und gebt uns Sitzenden Sieg.

Heil euch Asen, Heil euch Asinnen,
Heil Dir, fruchtbares Feld!
Wort und Weisheit gewährt uns edlen zwein
Und immer heilende Hände! "

Hier kann die Erde heilende Hände gewähren.

12. e) Blutsbrüderschaft

Die Blutsbrüderschaft wurde im altnordischen „Ziehbrüderschaft" genannt. Durch sie erlangten die Beteiligten in dieselbe Form von „Verwandtschaft" wie zwei Jungen, die zusammen aufgezogen worden sind (Jungen wurden damals oft bei einem anderen Mann aufgezogen).

Die vollständigste Schilderung einer Blutsbrüderschafts-Zeremonie findet sich in der Gisli-Saga. Es ist durchaus denkbar, daß sie die Vorlage für die meisten anderen Schilderungen dieses Rituals gewesen ist.

Aus der Kombination aller bekannten Schilderungen ergibt sich das folgende Ritual:

- Zwei oder mehr Männer beschließen, Schwurbrüder zu werden.

- Ein langer Streifen Grassoden wird vom Boden abgeschnitten und wie ein Tor emporgehoben; er ist an den beiden Enden noch fest mit der Erde verbunden. Der Grassoden-Streifen wird mit Speeren, die evtl. mit Runen beschrieben sind, emporgehalten. Dieser Torbogen ist in etwa so hoch wie ein Mann mit seiner Hand reichen kann.

- Die zukünftigen Eid-Brüder treten unter das Tor auf die offene Erde, auf der zuvor der Grassoden gewachsen war. Dieser Teil des Rituals hat ihm den Namen „unter das Erdband gehen" („ganga undir jardar-men") gegeben. Es ist unklar, ob „jardar" hier einfach „Erde" oder die Erdgöttin Jörd bezeichnet hat – eine Assoziation zu der Erdgöttin wird es jedoch sicherlich gegeben haben, zumal auch der Begriff „men" jeden Germanen sofort an Freyas Brisingamen erinnert haben wird.

- Die Beteiligten öffnen eine Ader in ihrer Handfläche und lassen das Blut gemeinsam auf die Erde tropfen.

- Die Beteiligten knien sich auf die Erde und berühren möglicherweise mit der unverletzen Hand die Erde.

- Die Beteiligten reichen sich die Hand – vermutlich die verletzte.

- Während sie sich die Hände reichen, schwören sie, einander wie Brüder zu sein, sich nicht im Stich zu lassen und Rache zu nehmen, wenn jemand einen der Beteiligten tötet. Zumindestens in einem Fall schwören sie „bei dem Hammer des Thor".

- Die Beteiligten rufen alle Götter als Zeugen dieses Eides an.

- Möglicherweise treten die Schwurbrüder auf der gegenüberliegenden Seite wieder heraus, sodaß sie bei der Zeremonie wie durch ein Tor gegangen sind.

Der Rahmen, innerhalb dessen der Bruderschafts-Eid abgelegt wird, erweckt einen sehr archaischen Eindruck.

Der Kontakt mit der „aufgedeckten Erde", also mit dem Inneren der Erde oder der Erdgöttin öffnet ein Tor zu der Erde bzw. der Erdgöttin. Da der Grassoden nur hochgehoben, aber nicht abgeschnitten wird, wird die Erde in diesem Zusammenhang wohl als Göttin angesehen, die man nicht verletzen will.

Das Tropfenlassen des eigenen Blutes auf die aufgedeckte Erde, also in das Innere der Erde und somit zu der Erdgöttin, stellt sowohl eine Verbindung zu der Erdgöttin als auch zueinander dar. Diese Geste ergibt einen schlichten Sinn, wenn die Erde als Erdgöttin und als die „Wahlmutter" der Beteiligten angesehen wird. Durch diese

Zeremonie haben die Beteiligten anschließend alle die Erdgöttin als gemeinsame Mutter und sind daher (Zieh-)Brüder.

Das Erdsoden-Tor könnte auch ein Jenseitstor sein, wodurch die Zeremonie zu einer Jenseitsreise werden würde. Dieser Aspekt ist jedoch unsicher. Ebenso könnte es sein, daß man auf der eine Seite unter dieses Tor trat und auf der anderen wieder hinaus – aber auch dies ist unsicher.

Die Anrufung der Götter als Zeugen wird die Standard-Funktion solcher Anrufungen haben: Die Beteiligten rufen auf sich selber für den Fall eines Eidbruches, den sie selber begehen, die Rache der Götter auf sich selber herab.

Die beiden wichtigsten Schwurbrüder in der germanischen Mythologie sind Odin und Loki. Der Ursprung dieser Blutsbrüderschaft wird das Bruderschafts-Verhältnis zwischen Tyr und Loki gewesen sein – Odin ist der Nachfolger des Tyr als Göttervater. In den Sagas tritt dieses Paar als die beiden Blutsbrüder Hedin (Tyr, Odin) und Högni (Hagen, Loki) auf, die wie Tyr und Loki einen endlosen Kampf miteinander führen.

Der kollektive Treue-Eid gegenüber dem König wurde auch als eine Bruderschaft aufgefaßt.

Eine andere Variante des Blutsbrüder-Eids besteht darin, das eigene Blut in die eigene Fußspur tropfen zu lassen und dann in die Fußspur des anderen zu treten.

Siehe auch das Kapitel „Blutsbrüder" in Band 55.

12. f) Jörmungrund

Dieser Begriff bedeutet „Großer (Erd-)Boden". Das Wort „jörmun" für „groß", von dem es auch die Varianten „Jormun", „irmin" und „irm" gab, hat ursprünglich „hermin" gelautet.

Es wäre gut denkbar, daß die mit „hermin" gebildeten Worte alle derselben sprachlichen und mythologischen Schicht entstammen und einst Teil eines zusammenhängenden Weltbildes gewesen sind.

Diese Worte könnten die (mythologische) Welt beschrieben haben:

- Jormungrund	= mächtige Erde	= Erde, Erdgöttin
- Erman-berth	= Mächtiges Licht	= Sonne
- Ermene-gild	= Mächtiger Goldener	= Sonne
- Irminsul	= Mächtige Säule	= Weltenbaum

- Jormungandr	= Mächtiger Gürtel	= Migard-Schlange
- Irmin-gard	= Mächtige Beschützerin	= Muttergöttin
- Jormunrek	= Mächtiger König	= Göttervater Tyr
- Jormun	= Mächtiger	= Göttervater Tyr
- Irmin-fried	= Mächtiger Freund	= Göttervater Tyr
- Irmin-mar	= Mächtiger Berühmter	= Göttervater Tyr
- Erme-gundis	= Mächtiger Kämpfer	= Göttervater Tyr
- Erm-ulf	= Mächtiger Wolf	= Fenrir oder Tyr
- Ermen-eldes	= Mächtiger Alter	= Göttervater Tyr
- Ermun-duri	= Mächtiger Mutiger	= Göttervater Tyr
- Erm-vipia	= Mächtige Waffe	= Tyrs Schwert

Falls diese Namen einst Teile eines Weltbildes gewesen sein sollten, würde dieses aus der Erde, der Sonne, dem Weltenbaum, der Riesenschlange, der Muttergöttin und dem Göttervater sowie dessen Schwert bestanden haben.

Es läßt sich zwar nicht direkt beweisen, daß diese Namen einst Bezeichnungen der wesentlichen Teile des germanischen, Tyr-zentrierten Weltbildes aus der Zeit vor 500 n.Chr. gewesen sind, aber da sie alle wichtigen Bestandteile des alten mythologischen Weltbildes der Germanen umfassen, ist diese Auffassung doch zumindestens recht plausibel.

12. g) Jakob Grimm: Deutsche Mythologie

Von der göttin, und ihren benennungen, ist bereits geredet: Nerthus, Erda, Faírguni, Erce, Hludana, und andere, in welchen sich die begriffe der alten von Terra, Gäa, Ops, Rhea, Cybele, Ceres wiederholen. wurde die indische Prithivî der Freyja verglichen, und zwischen Freyr und Niördr, (Nerthus) besteht das engste band.

Aber auch das bloße element für sich, die molte (Erde), wurde heilig gehalten: sie ist die χθὼν πολυβότειρα, aus der nährenden schoß steigen früchte und bäume hervor, in ihn werden die leichen begraben, in staub und asche kehren die verwesten, verbrannten zurück. sterben hieß ›zur erde fallen‹, ›til iardar, til moldar hniga‹, ›die erde küssen‹, noch schöner altnordisch î môðrætt falla = in maternum genus cadere, in den schoß der mutter, der terra mater, zurückfallen. man sagte auch iarðar megin kiosa (vim telluris eligere, d.h. invocare), und wie nach griechischer ansicht, die fallenden riesen, sobald sie den grund berührten, neue kraft empfiengen, heißt es in der edda aukinn iarðar megni (auctus vi telluris).

Die erde küste auch wer lange aus der heimat gewesen war beim wiederbetreten derselben, in altfranzösischen gedichten ist baiser la terre ein zeichen der demut.

Gleich der reinen flut, die den missethäter ausstößt, trägt ihn auch die erde nicht:
›uns solt diu erde nicht tragen‹. der erde (wie dem feuer und ofen), vertraute man ein
geheimnis.

... ...

Zumal hat die mit gras bewachsene erde, der rasen heilige kraft, solches gras hieß
im sanskrit khusa, besonders aber durva, und das angelsächsische turf, altnordisch
torf, althochdeutsch zurba entspricht: heilige erde und durvahalme. ich habe auch
das berühmte 'chrene crud' der lex salica durch reines kraut erklärt und chrene-
chruda (dativ) jactare aus dem römischen 'puram herbam tollere' gedeutet, wie
hrêncurni, in einer althochdeutschen glosse 'reincurnes frumenti', mittelhochdeutsch
'daz reine gras' gesagt ist, und gras und der melm verbunden werden.

Der inhalt des gesetzes gibt, daß erde, staub aus den vier winkeln aufgenommen
und über den nächsten verwandten mit der hand geworfen werden muste. es war ein
heidnischer feierlicher rechtsbrauch, den die christlichen capitularien vertilgten. ge-
gen jene wortauslegung hat jedoch nunmehr Leo eine celtische (cruinneach collectus,
criadh terra) geltend gemacht, und das gewicht seiner gründe darf ich nicht ver-
kennen, obgleich für einen im text selbst aufgenommenen ausdruck die deutsche ety-
mologie offenbar größeren anspruch hat, als bei den glossen. die mythische verwen-
dung dieser erde besteht, wie man auch die worte fasse.

In der altnordischen rechtssprache bietet sich uns eine andere nicht minder wich-
tige benennung dar, das rasenstück heißt iardmen, iardar men; men aber ist eigent-
lich monile, althochdeutsch mani, meni, angelsächsisch mene, wie wir es oben bei
Brîsînga men, dem halsband der Freyja kennen lernten. iardar men muß aber früher
Iarđar men gewesen sein, halsband der Erda, und der grüne rasen wird sehr dichte-
risch für den schmuck der göttin angesehen. das feierliche ›gânga undir Iarđar men‹
(Blutsbrüder werden) empfängt hierdurch seinen wahren sinn.

Eidesablage erfolgte auch bei andern völkern, z.b. Ungern und Slaven, indem sich
der schwörende erde oder rasen aufs haupt legte.

Die sitte, daß besiegte, zum zeichen ihrer unterwerfung, erde und wasser darreich-
ten, erstreckt sich in hohes alterthum: wenn die Perser krieg ansagten, so ließen sie
durch einen herold beide elemente von den völkern, deren land sie überziehen
wollten, fordern, was wieder an die römische pura gemahnt.

Noch unsere landsknechte des 16. jahrhunderts warfen, in die schlacht gehend, eine
erdscholle, gleich dem chrenechruda werfenden, zum zeichen aller lossagung von
dem leben:

det voro så många grefvar båld,
som hade deraf stor harm,

der de nu kastade den svarta mull
allt öfver skön Valborgs arm.

Auch den Griechen war ergreifung der scholle zeichen von landbesitznahme und zumal bei auswanderungen. Euphamos sitzt auf der Argo vordertheil, Triton in menschlicher gestalt erscheinend reicht ihm eine erdscholle dar als gastgeschenk. Euphamos nimmt die zeichenhafte erde (βώλακα δαιμονίαν), und gibt sie seinen leuten aufzuheben, diese aber lassen sie ins meer fallen, wo sie aufgelöst wird. wäre sie bewahrt und im Tainaros niedergelegt worden, so würden des Euphamos nachkommen das ihm bestimmte land (Cyrene) im vierten grad erworben haben. jetzt erwarben sie es erst im siebzehnten.

In einer mitgetheilten angelsächsischen formel werden vier stücke rasen ausgeschnitten, mit öl, honig, hefe, der milch von allem vieh beträuft und von jeglichem baum, der auf dem land gewachsen ist, harte bäume ausgenommen, von jedem kraut, das darauf gewachsen ist, klette ausgenommen, dazu gethan, und dann erst wird der segen darüber gesprochen.

Unter samen (Finnen) mengt man erde von drei erbäckern; auf den eingesenkten sarg werden drei erdschollen geworfen; mit dem ausgeschnittnen rasen, auf welchen fußstapfen stehen, kann zauber geübt werden.

Heilige berge und hügel gab es in menge; doch scheint dabei kein elementarischer cultus zu walten: man verehrte sie wegen der gottheit, die darauf ihren sitz hatte, vergleiche Wuotans und Donners berge.

Wenn bei Agathias, ohne solchen bezug, λόφοι und φάραγγες (hügel und schluchten) als gegenstände des cultus genannt werden; so kann die beobachtung unvollständig, und ein wasser oder feuercultus an den berg geknüpft gewesen sein.

Unter den Gothen, welchen *faírguni* berg bedeutet, dürfte man am ersten reine bergverehrung suchen, wenn der vorgetragene zusammenhang dieses ausdrucks mit dem götternamen seine richtigkeit hat.

Dietmar von Merseburg gibt ein beispiel von slavischem bergcultus: posita autem est haec (civitas, nemlich Nemzi, Nimptsch) in pago silensi, vocabulo hoc a quodam monte, nimis excelso et grandi, olim sibi indito: et hic ob qualitatem suam et quantitatem, cum execranda gentilitas ibi veneraretur, ab incolis omnibus nimis honorabatur. es soll nach den auslegern der schlesische Zobtenberg sein.

Hin und wieder standen einzelne steine und felsen, oder mehrere nebeneinander, zuweilen kreisförmig geordnete in verehrung (›vota ad lapides‹, besonders aber ›lapides in ruinosis et silvestribus locis venerari‹, angelsächsisch. stânveorðung, bringan tô stâne).

Dieser steindienst zeichnet eigenthümlich den celtischen glauben aus, weniger den deutschen, doch begegnet auch bei uns das abergläubische schlüpfen durch hole steine, wie durch hole bäume. hölungen, die nicht von menschenhand künstlich

133

gemacht waren, galten für heilig. solche holystones und holedstones hängt man in England im stall den pferden zu häupten, ein schutz gegen krankheit, auch an betthimmel oder an das hausthor wider behexung. einige sollen durch den stich einer natter gehölt sein (adderstones). in Deutschland waren heilige steine entweder mahlsteine der gerichte oder opfersteine: eide wurden abgelegt ›at ursvölum unnar steini‹, ›at enom hvîta helga steini‹. vergleiche besonders Eyrbyggjasaga: vier heilige steine werden zur reinigung der entweihten flut hinabgesenkt.

Eine menge von steinen, die der riese oder teufel geworfen hat, denen der eindruck seiner hand, seines fußstapfens geblieben ist, werden in der volkssage ausgezeichnet, doch ohne daß ihnen eine heilige bedeutung dadurch verliehen wäre.

Wie riesen und menschen versteinert werden und dann gleichsam ein nachgefühl ihres vorigen zustandes behaupten, wird felsen und steinen noch mitleid und theilnahme an menschlichen zuständen beigelegt. Snorri bemerkt, man sehe die steine ausschlagen, wenn sie aus frost in wärme kommen, so erkläre sich, wie felsen und steine um Baldr geweint hätten. noch heute sagen wir allgemein von herbem leid: ›das sollte einen stein am weg erbarmen, ein steinern herz rühren‹.

Bemerkt sei die mittelhochdeutsche redensart: ›einen stein mit riemen twingen, daz man im an der âder lâze bluot‹, wol hergenommen von den adern, die durch einige steine laufen.

12. h) Zusammenfassung

Die Erde ist die Mutter der Pflanzen und sie ist die Mutter der Heilkräuter. Sie ist die nährende Erde, sie hat Macht über alle Wesen und sie kann den Menschen heilende Hände gewähren.
Sie ist auch die Zeugin beim Schließen der Blutsbrüderschaft.

13. Zusammenfassung: die germanische Erdgöttin

Die Erdgöttin trägt die Namen Jörd, Skadi, Rindr, Hlodyn, Fiörgyn, Jorunn, Marnar, Herche, Erce, Fiörgyn, Fira-Modor, Folde, Eorda, Yrd, Gyma, Haudr und Mona.

Sie ist einst die Mutter des Sonnengott-Göttervaters Tyr-Dag gewesen, den sie jeden Morgen im Osten als Sonne gebiert. Im Winter ist sie während der Herrschaft des Loki dessen Frau. In den Mythen nach 500 n.Chr. ist sie die Frau des Odin und die Mutter des Thor.

Sie wurde auch als die Erschafferin von Midgard angesehen und sie ist die Mutter aller Menschen.

Als Jenseitsgöttin ist die Erdgöttin auch die Herrin der Magie. Ihr gehört auch der Met der Wiedergeburt.

Auch die Könige gelangen bei ihrer Krönungs-Jenseitsreise zu ihr und werden von ihr wiedergeboren, wodurch sie zu der Mutter aller König wird: Das Land selber gebiert seine Könige. Wahrscheinlich wird Skadi auch als die Jenseitsmutter aller „normalen" Toten angesehen worden sein.

Diese „Hochzeit" der Könige mit der Landesgöttin bei ihrer Krönung ist ein von fast allen Indogermanen bekanntes Motiv.

II Die Erdgöttin in der indogermanischen Überlieferung

Die Erde und die Erdgöttin sind bei den Indogermanen weitgehend identisch, da die Erde eben als der Leib der Erdgöttin aufgefaßt worden ist.

Die folgende Tabelle zeigt den Stammbaum der Indogermanen. Die Namen für die gemeinsamen Vorfahren der verschiedenen Völker wie „Tocharo-Romanen" sind künstliche Bezeichnungen, da nicht bekannt ist, wie sich die betreffenden Völker damals selber genannt haben. Die Differenzierung dieser Völker fand in etwa zwischen 2800 v.Chr. und 1800 v.Chr. statt.

Indo-germanen	West-Indo-germanen	Balto-Slawen				Balten
						Slawen
		Tocharo-Romanen	Tocharo-Romanen	Kelto-Romanen		Kelten
						Römer
						Tocharer
						Germanen
	Süd-Indo-germanen					Lyder
		Hethito-Luwier	Hethito-Palaier			Hethiter
						Palaier
						Luwier
	Ost-Indo-germanen	Gräco-Thraker				Thraker
						Griechen
		Indo-Skythen				Skythen
			Indo-Armenier			Armenier
				Indo-Mitanni		Mitanni
					Indo-Perser	Perser
						Inder

Im Folgenden sind nur die Völker aufgeführt, von denen etwas über das hier betrachtete Thema bekannt ist.

136

1. Die Erde bei den West-Indogermanen

1. a) Kelten

Litavis

Litavis oder Litauis, die im neuwalisischen als Llydaw und im Altirischen als Letha erscheint, wurde von den Kelten im heutigen Frankreich und auf den britischen Inseln verehrt. Ihr Name bedeutet „die weit Ausgebreitete". Dieser Name leitet sich von der indogermanischen Erdgöttin Plth-hiwi ab. Litavis ist somit recht sicher der älteste keltische Name der Erdgöttin.

Großbritannien und Irland wurden in alten Texten auch „Letavia" genannt, was „Land der Göttin Letavis" bedeutet – analog zu Skandinavien, das „Land der Göttin Skadi" bedeutet.

Sie wurde in gallisch-römischer Zeit zusammen mit Mars Cicollui („Mars Breit-Brust") verehrt, der der erste Anführer der Fomoire (Riesen) gewesen ist und daher dem germanischen Tyr als Riese in der Unterwelt entspricht. Sowohl Mars als auch Tyr sind der Göttervater als Schwertgott gewesen. Mars Cicollui entspricht daher auch dem Gott Nuada („Wasser-Gott"), also dem Göttervater Dagda („Tag/Sonnen-Gott") in der Wasserunterwelt, in der auch die Fomoire-Riesen leben.

Aericura

Aericura ist eine Erd- und Unterweltsgöttin, die mehrfach zusammen mit dem römischen Göttervater („dis pater") erscheint. Sie wird daher die Erdgöttin als Jenseitsgöttin sein, die am Morgen den Sonnengott-Göttervater wiedergebiert. Für diese Deutung spricht auch der Hund oder Wolf, von dem sie begleitet wird. Der Korb mit Äpfeln und die Kornähre, die Aerivura in ihren Armen trägt, kennzeichnet sie als Fruchtbarkeitsgöttin.

Ihr Name entspricht dem der griechischen Hera und der germanische Herche und bedeutet „Herrin".

Onuava

Onuava ist eine eher unbekannte keltische Erd- und Fruchtbarkeitsgöttin aus Frankreich.

Matronen

Die drei Matronen, die von ca. 70 n.Chr. bis 240 n.Chr. am Niederrhein von den dort lebenden Kelten, Germanen und Römern verehrt worden sind, waren Fruchtbarkeits- und Muttergöttinnen, die um die verschiedensten Dinge gebeten wurden.

Wie schon ihr Name zeigt, der schlicht „Mütter" bedeutet, waren sie keine speziellen Erdgöttinnen, sondern wurden nur unter anderem auch um Fruchtbarkeit für die Felder angerufen.

1. b) Römer

Ops

Der Name der Göttin Ops oder Opis bedeutet „Fülle". Sie war eine Erd-, Unterwelts- und Fruchtbarkeitsgöttin, die des öfteren mit der griechischen Rhea gleichgesetzt wurde. Daher wurde deren Mann Kronos auch als Gatte der Opis angesehen.

Tellus

Die Göttin Tellus („Erde") wurde auch „Terra mater", also „Erdmutter" genannt. Im frühen römischen Reich wurde die Erde „Terra" noch deutlich von der Erdgöttin „Tellus" unterschieden.

Tellus entspricht der griechischen Gaia. Sie war wie die meisten Erdgöttinnen auch eine Jenseits-, Fruchtbarkeits- und Geburtsgöttin. Sie wurde oft der Ceres gleichgesetzt. Die Feste der Tellus bezogen sich vor allem auf die Fruchtbarkeit der Felder.

Sie wurde z.T. zusammen mit Jupiter verehrt, weshalb die Erdgöttin wohl auch bei den Römern ursprünglich als die Wiedergeburts-Mutter des Sonnengott-Göttervaters angesehen worden sein wird.

Als ihr Mann erscheinen Jupiter und Uranos, also die römischen Entsprechungen zu Zeus und Kronos, d.h. der alte Göttervater im Jenseits (Uranos-Kronos-Hymir-Nuada) und der junge, wiedergeborene Göttervater (Zeus-Jupiter-Tyr-Dagda) im Diesseits.

Sowohl Opis als auch Tellus/Terra entsprechen somit in ihrer Mythologie der keltischen Erdgöttin Litavis-Aericura.

Das Kuhopfer im Kult der Tellus könnte auf das Rinder-Opfer im Wiederzeugungs- und Wiedergeburtsritual des Sonnengott-Göttervaters zurückgehen, in dem die Göttin als Kuh und der Gott als Stier erscheinen.

1. c) Etrusker

Die Etrusker gehören nicht zu den Indogermanen, aber die da ihre Religion deutliche Parallelen mit der Religion der Römer hat, wird sie hier ergänzend angeführt.

Cel

Die etruskische Erdgöttin wurde „Cel" genannt. Sie entspricht der römischen Tellus und der griechischen Gaia bzw. Ceres.

Sie ist die Mutter der Riesen, d.h. vermutlich insbesondere des Sonnengott-Göttervaters als Riese, der von ihr am Morgen wiedergeboren wird. Einer der etruskischen Riesen hieß „Ceslan", was „Sohn der Cel" bedeutet. Dies entspricht genau dem griechischen „Gigant", was „Sohn der Gaia" bedeutet.

Cel, die auch „Cel Ati", also „Mutter Erde" genannt wurde, war auch eine Fruchtbarkeitsgöttin.

Die etruskische Cel entspricht somit den römischen, keltischen und griechischen Erdgöttinnen.

1. d) Kelto-Romanen
(die gemeinsamen Vorfahren der Kelten und Römer)

Die Erde wurde bei den beiden westlichsten Völkern der Indogermanen als Göttin angesehen, die das Jenseits (Grab) darstellt, die aber auch die Wiedergeburt gibt (insbesondere dem Sonnengott-Göttervater) und die die Felder fruchtbar werden läßt.

1. e) Germanen

Die Erde wurde ihrer geographischen Lage nach als „Midgard", d.h. als „umhegter Bereich in der Mitte" bezeichnet – die Erde lag als große Insel in der Mitte des Weltmeeres.

Wegen ihrer Größe wurde die Erde auch als „Jörmungrund", d.h. „großer Grund" benannt. Diese Bezeichnung stammt wahrscheinlich wie alle mit „jörmun" oder „fimbul" gebildeten Begriffe noch aus der Zeit vor 500 n.Chr., in der noch die Mythen des ehemaligen Göttervaters Tyr die Weltanschauung der Germanen geprägt haben.

Möglicherweise ist „Jörmungrund" damals als Erdgöttin angesehen worden. Die bekanntesten Namen für die germanische Erdgöttin waren Jörd, Rindr, Skadi, Hlodyn und Fiörgyn.

Auch Sif war eine Erdgöttin, da das Getreide als ihr Haar angesehen wurde. Mit diesem Motiv sind die Bezeichnungen der Erdgöttin als „Gebende", „All-Grüne", und „Wachsende" verwandt. Sie entspricht u.a. der Ceres.

Die Erde wurde vor allem als eine Göttin angesehen, die durch ihre „Macht der Erde" die Fruchtbarkeit, das Wachstum, die Ernährung, die Sprache, die Weisheit, den Frieden und die Heilung gefördert hat und die am Morgen die Sonne wiedergebiert.

1. f) Germano-Romanen
(die gemeinsamen Vorfahren der Kelten, Römer, Tocharer und Germanen)

Die Erde wurde bei den westeuropäischen Indogermanen einheitlich als Göttin des Jenseits (Grab), der Wiedergeburt (insbesondere des Sonnengott-Göttervaters) und der Fruchtbarkeit der Felder angesehen.

1. g) Slawen

Mat Zemlya

Der Name der Göttin Mat Zemlya bedeutet „Mutter Erde". Sie wurde auch „Mat Syra Zemlya" genannt, was „Mutter der feuchten Erde" bedeutet. Sie ist im Mittelalter eine der wichtigsten slawischen Göttinnen gewesen.

1. h) Balten

Mara Zeme

Dieselbe Erdgöttin wird bei den Balten „Mara Zeme" genannt, was auch hier „Mutter Erde" bedeutet. Sie wurde als Urmutter („Mara"), die Erde und als Göttin der Fruchtbarkeit und der Fülle verehrt.

Ihr Name ist vermutlich sowohl mit dem der christlichen „Maria" als auch mit dem der indischen Totengöttin „Mara" verwandt.

Sie erscheint oft als Kuh, was auf das sehr alte Motiv der Muttergöttin als Kuh zurückgehen wird. Die Muttergöttin nahm diese Gestalt u.a. bei der Wiederzeugung des Sonnengott-Göttervaters und bei der darauf folgenden Wiedergeburt dieses Gottes an, aber die Kuh ist auch ein allgemeines Symbol für Fruchtbarkeit und Fülle gewesen.

Sie war wie die slawische Göttin Mat Syra Zemya auch die Göttin des Wassers, was vermutlich die Wasserunterwelt miteingeschlossen hat.

Mara erscheint in einer Vielzahl von Göttinnen, die alle Aspekte ihres Wesens darstellen wie Velu Mate („Seelen-Mutter"), Meza Mate („Wald-Mutter") oder Juras Mate („Meer-Mutter"). Mara ist wie die germanischen Nornen auch die Schicksalsgöttin, was ihre Auffassung als Jenseitsgöttin bestätigt, da das Bestimmen des Schicksals stets in der Hand der Jenseits- und Todesgöttin liegt.

Die Göttin Mara Zeme wurde auch „Zemyna", d.h. „Erde" genannt. Sie wurde als die Mutter aller Dinge, insbesondere der Pflanzen angesehen. Ihr Tier war wie bei der germanischen Göttin Freya das Schwein.

Als Erdgöttin ist sie auch die „Mutter im Jenseits". Ihr wurden Trankopfer dargebracht.

Sie wurde, wie es bei den Indogermanen sehr häufig vorkommt, als Frau des Donner- und Himmelsgottes Perun angesehen.

Litavis

Der lithauische Teil des Baltikums hat seinen Namen vermutlich von der Göttin „Litavis" erhalten, die auch von den Kelten verehrt worden ist. Da ihr Name „die Breite" bedeutet und die Erde bezeichnet hat, wird dieses Wort im Baltischen ursprünglich auch die Erdgöttin bezeichnet haben, bis diese dann nur noch „Mara Zeme" genannt wurde, während das ältere „Litavis" nur noch für die Erde und das Land selber benutzt worden ist.

Die Form „Litavis" entspricht dem lithauischen Namen „Lituva" für Lithauen, während das deutsche „Lithauen" der keltischen Variante „Lithauis" dieses indogermanischen Göttinnennamens entspricht.

1. i) Balto-Slawen
(die gemeinsamen Vorfahren der Balten und Slawen)

Die Erdgöttin ist bei beiden östlichen Völkern der West-Indogermanen die Erde selber sowie die Göttin der Fruchtbarkeit und der Fülle, des Jenseits und der Wiedergeburt.

1. j) West-Indogermanen

(die gemeinsamen Vorfahren der Kelten, Römer, Tocharer, Germanen, Balten und Slawen)

Die Erde wurde bei den West-Indogermanen als Göttin angesehen, die das Jenseits (Grab) darstellt, die aber auch die Wiedergeburt gibt (insbesondere dem Sonnengott-Göttervater) und die die Felder fruchtbar werden läßt. Diese Symbolik ist sehr einheitlich.

2. Süd-Indogermanen

2. a) Hethiter

Sonnengöttin von Arianna

Bei den Hethitern ist die Erdgöttin, die einst die Mutter des Sonnengottes gewesen ist, bereits selber zur Sonne geworden – ein Vorgang, der sich bei mehreren indogermanischen Völkern einschließlich der Germanen („die Sonne" und nicht „der Sonne") beobachten läßt.

Die hethitische Sonnengöttin von Arianna ist jedoch auch immer eine Erd- und Unterweltsgöttin geblieben. Ihr Name, der „Quellen-Mutter" bedeutet, weist auf den Eingang zur Unterwelt hin, der auch bei den meisten anderen indogermanischen Völkern eine Quelle ist – wie z.B. die Quelle der Nornen unter der Weltesche Yggdrasil bei den Germanen.

Arianna war die wichtigste hethitische Unterweltsgöttin und wurde in vielen Texten auch als die wichtigste Göttin überhaupt angesehen.

Als ihr Mann erscheinen drei verschiedene Götter: Der Wettergott Teshshup, der Donnergott Tarhunna („Thor") und der Fruchtbarkeitsgott Telepinu, der in jedem Winter in die Unterwelt ging. Der Wettergott Teshshup und der Donnergott Tarhunna erscheinen hier vermutlich als Himmelsgötter, während der Fruchtbarkeitsgott Telepinu („Freyr") hier wegen seiner Jenseitsreise auftritt. Es ist somit gut denkbar, daß der Ursprung dieser drei Verbindungen die Wiedergeburt des Sonnengott-Göttervaters durch die Erd- und Jenseitsgöttin gewesen ist.

Zu dieser Deutung paßt auch, daß der König als Schützling des Göttervaters Shiun (= Tyr, Zeus, Jupiter) auch der Hohepriester der Arianna gewesen ist, da Shiun der hethitische Sonnengott-Göttervater ist, der in den früheren Mythen vermutlich von Arianna wiedergeboren worden ist.

Das „heilige Bett" im Tempel der Arianna, in dem der König übernachtete, könnte evtl. aus einem Wiederzeugungs-Ritual stammen – aber das ist sehr unsicher.

2. b) Lyder

Kybele

Bei den Lydern kann man am ehesten noch die Muttergöttin Kybele als Erdgöttin auffassen, auch wenn sie eher eine Wiedergeburtsgöttin gewesen ist, was allerdings eine wesentliche Funktion der Erdgöttin gewesen ist.

2. c) Süd-Indogermanen
(die gemeinsamen Vorfahren der Hethiter, Palaier, Luwier und Lyder)

Die Erde ist auch bei den Süd-Indogermanen eine Göttin, die vor allem die Wiedergeburts-Mutter des Sonnengott-Göttervaters gewesen ist.

3. Ost-Indogermanen

3. a) Perser

Spenta Armati

Einer der sechs „göttlichen Funken" („Amesha Spentas") wurde im Laufe der Zeit als Göttin aufgefaßt, die eng mit der Erde assoziiert worden ist. Vermutlich haben sich hier die abstrakten Konzepte des Zoroastrismus („Funken") mit einer alten Vorstellung über die Erdgöttin verbunden. Der Name diese zoroastrischen Göttin lautet Spenta Armati, d.h. „Heilige Verehrung".

Zend-Avesta, Sirohzah 1, Zemyad:
An die fruchtbare Erde,
an diese Orte, an diese Felder;
an den Berg Ushi-darena,
der von Mazda erschaffen worden ist,
der Sitz der heiligen Glückseligkeit;
an alle Berge,
die von Mazda erschaffen worden sind,
die der Sitz der heiligen Glückseligkeit sind –
voller Glück.

Zend-Avesta, Yasna 38:
Und nun verehren wir diese Erde, die uns trägt,
zusammen mit Deinen Frauen, o Ahura Mazda!

Mit den Frauen des Ahura Mazda sind die Flüsse gemeint.

Zend-Avesta, Fargad 1:
Ahura Mazda rede zu Spitama Zarathustra und sprach: „Ich habe ein jegliches Land mit seinen Bewohnern erschaffen, obwohl noch kein Zauber in ihm lag. Habe ich nicht ein jedes Land seinen Bewohnern lieb gemacht, obwohl noch kein Zauber in ihm lag?"

Mit dem Zauber ist vermutlich Lebenskraft gemeint.

3. b) Inder

Prithivi

In den alten Veden der Inder erscheint ausschließlich Prithivi als Erdgöttin. Daher können alle jüngeren Erdgöttinnen als Aspekte der Prithivi angesehen werden.

Der Name „Prithivi" bedeutet „die Weite". Ihr Name ist sowohl im Hinduismus als auch im Buddhismus auch die Bezeichnung für die Erde als dem Ort, auf dem die Menschen leben. Dieser Erdgöttin-Name entspricht dem Namen der keltischen Göttin Lithavis und der baltischen Erdgöttin Lithauis.

Sie war als „Prithivi Mater" („Erd-Mutter") der Gegenpol zu „Dhyaus Pita"

(„Himmels/Sonnen-Vater"). Beide zusammen wurden als „Dhyavaprithivi" bezeichnet – dieses Wort ist wie „Augen", „Arme", „Beine" u.a. ein Dual (Zweizahl), was zeigt, daß man sie als eine organische Einheit betrachtet hat – sonst hätte man eine normalen Plural-Endung verwendet.

Die Erdgöttin und der Himmelsgott wurden als ein Paar, als Mann und Frau angesehen. Im Rig-Veda erscheint Prithivi fast immer zusammen mit Dhyaus.

Die wichtigsten Kinder der Prithivi waren der Sonnengott Surya, der Donnergott Indra und der Feuergott Agni. Surya ist die Sonne, die jeden Morgen von der Erdgöttin wiedergeboren wird. Indra hat Himmel und Erde voneinander getrennt und dadurch die Welt, wie sie heute ist, erschaffen. Himmel und Erde entsprechen somit in etwa Niflheim und Muspelheim in der germanischen Mythologie.

Wenn diese Erdgöttin als Kuh erscheint, wurde sie „Prithu" genannt. Diese Erdgöttin-Kuh ist sehr wahrscheinlich mit der germanischen Urkuh Audhumbla identisch. Sie ist der Ursprung der heiligen Kühe in Indien.

Als „Ibu Pertiwi" („Mutter Erde") ist sie auch die Verkörperung Indonesiens – so wie Litavis die Verkörperung von Lithauen und Großbritannien gewesen ist und Skadi die Verkörperung von Skandinavien. In allen vier Fällen ist die Erde zugleich die Erdgöttin und auch das Land. Die drei im heutigen Sprachgefühl möglichen unterschiedlichen Auffassungen der Erde waren damals noch identisch: die Erde als Substanz, die Erde als Ort (Land) und die Erde als Göttin.

Prithivi hatte viele Beinamen, die ihren Charakter beschrieben: Erde, stillende Mutter, Ernährerin, All-Nährerin, Geburtsort, Pflanzen-Mutter, Mutterleib der Waldbäume und der Kräuter, Schoß der Welt, All-Erschafferin, All-Quelle, Erhalterin, Beständige, Geduldige, Feste, All-Erhalterin, All-Tragende, Juwelen-Reiche, Juwelen-Tragende, Juwelen-Enthaltende.

Bhumi

Die Göttin Bhumi oder Bhuma-Devi ist eine der indischen Erdgöttinnen. Sie war die Gattin des Eber-gestaltigen Varaha, der einer der Avatare des Vishnu ist. Sie entspricht u.a. der germanischen Freya und der baltischen Mara Zeme, die ebenfalls von einem Schwein begleitet werden.

Sie wird auch mit der Fruchtbarkeit (Granatapfel in der Hand) und mit der Wiedergeburt (Lotus in der Hand) assoziiert.

Diti

Die Göttin Diti ist eine weitere Erdgöttin. Ihr Mann ist der Wildnis- und Jagdgott

Rudra, der manchmal als Sohn der Erdgöttin Bhumi angesehen wird. Sie hatte viele Kinder. Hier könnte ein zyklisches Wiedergeburts-Motiv vorliegen, wie es für die Mythen der Erdgöttin und des Sonnengott-Göttervaters typisch ist.

Die folgenden Zitate aus dem Rig-Veda sind nur eine kleine Auswahl der Textstellen, die sich an Himmel und Erde wenden.

Rig-Veda 10, 45 und Rig-Veda 9, 68:
Himmel und Erde, die ohne Feindschaft sind, wollen wir rufen.

Rig-Veda 10, 63:
(Wir rufen) d*ie gutschützende Erde, den fehlerlosen Himmel.*

Rig-Veda 5, 49:
Mögen wir uns der Gunst von Himmel und Erde erfreuen.

Rig-Veda 8, 42:
Behütet uns, Himmel und Erde, in eurem Schoße!

Rig-Veda 7, 34:
Möge die ausgedehnte Erde uns mit ihren Urkräften Glück gewähren!

Rig-Veda 5, 42:
Möge uns Mutter Erde nicht mißgünstig anschauen!

Rig-Veda 6, 51:
Vater Himmel, truglose Mutter Erde, Bruder Agni, ihr Götter, seid uns wohlgesonnen!

Rig-Veda 3, 54:
Ein hohes Lied will ich dem hohen Himmel, der Erde singen.

Rig-Veda 1, 159:
Ich verehre Himmel und Erde an den Festen mit großen Opfergaben.

Rig-Veda 10, 35:
Wir erbitten uns die Gunst von Himmel und Erde.

Rig-Veda 2, 2:
(an Agni)
Mache uns Himmel und Erde durch die Anrufung wohlgesonnen!

Rig-Veda 1, 22:
Mögen der große Himmel und die Erde dieses unseres Opfer annehmen; mögen sie uns mit ihren Hilfe unterstützen!

Rig-Veda 1, 190:
Sein Ruf dringt zum Himmel, zur Erde.

Rig-Veda 2, 32:
Nehmt diese Rede von mir, eurem Verehrer, o ihr Himmel und Erde, mit der ich Lohn erlangen will, gnädig auf.

Rig-Veda 2, 32:
(an verschiedene Götter)
Himmel und Erde, seid dieser Rede von mir wohlgesonnen, der ich recht handelnd Erfolg wünsche!
Euch beide, deren Leben lange währt, euch Gepriesenen, stelle ich dabei voran.

Rig-Veda 10, 91:
(an den Feuergott Agni, der der Priester der Götter ist)
Als Gott gebietest Du ganz allein über die Güter, welche Himmel und Erde in Fülle hervorbringen.

Rig-Veda 1, 95:

(an Agni)
Nacht und Morgen, die die Farbe wechseln, säugen gemeinsam das eine Junge.
Zwischen Himmel und Erde erglänzt er (Sonne) wie ein Goldschmuck.

Rig-Veda 3, 54:

Eure Richtigkeit soll die Wahrheit sein, Himmel und Erde!

Die Richtigkeit („Rita", „Dharma") ist der zentrale weltanschauliche Begriff in den mythologischen Weltbildern. Sie bedeutet, daß die Dinge zur rechten Zeit in der rechten Weise an dem rechten Ort sind und dort das Rechte tun und daher gedeihen. Der Richtigkeits-Aspekt eines Menschen ist die eigenen Seele – daher führt die Erkenntnis der eigenen Seele und das Leben im Einklang mit ihr zu einem gedeihenden Leben.

Rig-Veda 5, 58:

Ich will dem Himmel singen, der Erde trage ich die wahrhafte Rede vor.

Rig-Veda 4, 56:

Wir tragen euch beiden, dem großen Himmel und der Erde das Preislied vor;
wir besingen die lauteren zum Ruhme.
Wechselseitig euch selbst reinigend herrscht ihr aus eigner Kraft;
seit Alters führt ihr die Richtigkeit mit euch.

Rig-Veda 10, 29:

Die beiden sind für Dich, Indra, reichlich gutbemessene Maßstäbe: der Himmel an Größe, die Erde an Weisheit.

Rig-Veda 1, 111:

Himmel und Erde rufe ich an, um ihrer zuerst zu gedenken.

Himmel und Erde sind offenbar die beiden wichtigsten und daher wohl auch die beiden ersten aller Gottheiten.

Rig-Veda 1, 104:

Möge, ihr Götter, jene Sonne doch nicht vom Himmel fallen, möchten wir niemals
  des heilsamen somischen Tranks entbehren.
Hört auf mich und gewährt uns dies, Himmel und Erde!

Himmel und Erde werden sehr oft am Anfang oder am Ende von Aufzählungen von Gottheiten genannt. Sie wurden offenbar als deren Ursprung angesehen.

Rig-Veda 1, 22:

Mögen Himmel und Erde, dieses mächtige Paar, unsere Opfer für uns mit Tau
  benetzen und uns reichlich mit Nahrung speisen!

Rig-Veda 6, 50:

Und ihr, Himmel und Erde, besitzt die weite, hohe, schirmende Herrschaft!

Rig-Veda 7, 53:

Als erstes rufe ich Himmel und Erde unter Opfern und Verbeugungen eindringlich an,
  die Hohen, Opferwürdigen,
denn auch die früheren Seher haben lobpreisend diese beiden großen Göttereltern
  vorangestellt.
Lasset den beiden Erstgeborenen, den Eltern, den beiden Sitzen der Wahrheit mit
  euren neuesten Lobreden den Vortritt!
Kommet zu uns, Himmel und Erde, mit dem göttlichen Volke! Groß ist euer beider
  Schutz.
Denn ihr habt auch viele Belohnungen für den Freigiebigen, für den Sudas, o Himmel
  und Erde.
Bringt uns das, was ungeschmälert sein wird! – Behütet uns immerdar mit eurem
  Segen!

Rig-Veda 10,59:

Himmel und Erde sollen als Erste nach der rechten Ordnung angesprochen werden,
  sie, die ihr Wort stets halten.
Wenn der Gott, der den Sterblichen opfern hilft, sich als Hotri niedersetzt.

Der Gott ist der Feuergott Agni – er ist der Priester („Hotri") der Götter.

Rig-Veda 1, 191:
Der Himmel ist Dein Vater, die Erde Deine Mutter.

Rig-Veda 1, 163:
Der Himmel ist mein Vater, der Erzeuger, dort ist mein Nabel. Diese große Erde ist
meine Sippe, die Mutter.

Rig-Veda 1, 160:
Diese, Himmel und Erde, spenden allen Wohlstand, sie sind die Erhalter des Landes,
die Heiligen und Weisen,
die beiden edlen Gefäße: zwischen diesen beiden Gottheiten reist die glänzende
Sonne in der ihr bestimmten Weise.
Weit-geräumiges Paar, mächtiges, das nie wankende, der Vater und die Mutter, die
alle Wesen beschützen:
Die beiden Welt-Hälften, die beseelten, die schönen, denn der Vater hat sie in
stattliche Formen gekleidet.

Rig-Veda 10, 88:
Zwei Wege, so hörte ich von den Vätern, gibt es für die Götter und die Sterblichen.
Auf diesen beiden kommt all dies Lebendige zusammen, das zwischen dem Vater, dem
Himmel, und der Mutter, der Erde, ist.
Die beiden gepaarten, Himmel und Erde, tragen den Wandelnden, den aus ihrem
Haupte Geborenen, den im Geiste Betrachteten.

Rig-Veda 1, 160:
Himmel und Erde, diese beiden allen ersprießlichen, gesetzestreuen sind es ja, die
den Seher des Luftreiches tragen.
Zwischen beiden Dhisana, den Göttinnen, den schöngebärenden, wandelt nach der
Bestimmung der reine Sonnengott.
Breiträumig, großmächtig, nie versiegend, behüten Vater und Mutter die Geschöpfe.

In diesem Text werden Himmel und Erde einmal als zwei Göttinnen und einmal als Gott und Göttin aufgefaßt. Diese beiden Vorstellungen stehen im Rig-Veda oft nebeneinander.

Möglicherweise wurden Himmel und Erde in dem Sinne als „Schwestern" aufgefaßt, wie auch die Finger als „Zehn Schwestern" umschrieben wurden –

also nicht im Sinne von „Frau und Frau", sondern im Sinne von einem „zusammengehörenden Paar".

Rig-Veda 10, 64:
Denn diese beiden großen Mütter, Himmel und Erde, die opferwürdigen Göttinnen, kommen mit der Sippe der Götter.

Rig-Veda 1, 31:
Himmel und Erde, bittet sprecht für uns bei den Göttern!

Hier werden Himmel und Erde anscheinend als die Eltern aller Götter angesehen.

Rig-Veda 5, 84:
Wahrlich, so ist es: Du trägst den Druck der Berge, o Erde, die Du den Boden erquickest,
Du Flußreiche, durch Deine Macht, Du Mächtige.
Lobgesänge an Dich hallen allnächtlich wider, Du Wandelbare, die Du den Erguß des Himmels fortschleuderst wie der Hengst die treibende Brunst, Du Silberglänzende.
Du hältst selber die Bäume mit Stärke fest im Boden, wenn Deiner Wolken Blitze blitzen, und die Regengüsse des Himmels regnen.

Rig-Veda 1, 185:
Welche von diesen beiden ist die frühere, welche die spätere? Wie sind sie entstanden, ihr Seher? Wer weiß es genau?
Alles tragen sie selbst, was einen Namen hat. Die beiden Tageshälften drehen sich wie Räder.
Die beiden tragen, obwohl selber unbewegt und fußlos, ihre zahlreichen Nachkommen, die sich bewegen und Füße haben.
Wie euren eigenen Sohn auf der Brust seiner Eltern – so bewahrt uns, Himmel und Erde, vor schrecklicher Gefahr!
Die Gabe der Aditi rufe ich, die fehlerlose, himmlische, todlose, verehrungswürdige.
Erschafft diese, ihr beiden Welten, für den Sänger, der euch lobt! Himmel und Erde, bewahrt uns vor schrecklicher Gefahr!
Mögen wir den beiden Welten, die kein Leid ertragen müssen, den Eltern der Götter, die beide gnädig inmitten der Götter helfen,

während sich Tag und Nacht abwechseln. Himmel und Erde, bewahrt uns vor
schrecklicher Gefahr!

Die zusammen leben, die jungen, deren Glieder sich aneinander schmiegen,
Zwillings-Geschwister, die an der Brust ihrer Eltern liegen,
die gemeinsam den Nabel der Welt küssen. Himmel und Erde, bewahrt uns vor
schrecklicher Gefahr!

Die beiden breiten, hohen Wohnstätten rufe ich in rechter Weise an, die beiden Eltern
von allem, mit dem Schutz des Gottes,
die schön anzusehen sind und die den Nektar bereiten. Himmel und Erde, bewahrt
uns vor schrecklicher Gefahr!

Den weiten, breiten, geräumigen, fernbegrenzten spreche ich mich verbeugend bei
diesem Opfer eine Bitte aus,
dem gesegneten Paar, dem siegreichen, dem allerhaltenden. Himmel und Erde,
bewahrt uns vor schrecklicher Gefahr!

Wenn wir irgend ein Unrecht getan haben, sei es den Göttern oder einem Freund oder
dem Hausherren,
so möge diese Dichtung ihnen eine Abbitte sein. Himmel und Erde, bewahrt uns vor
schrecklicher Gefahr!

Mögen diese beiden Freunde der Menschen, die segnen, mich beschützen, mögen sie
mir mit Gunst und Hilfe beistehen.
Bereichere den Mann, der freigiebiger als der Gottlose ist! Himmel und Erde,
bewahrt uns vor schrecklicher Gefahr!

Mit Verständnis begabt, habe ich diese Wahrheit ausgesprochen, damit alle sie hören
– an Erde und Himmel gerichtet.
Seid mit uns, bewahrt uns vor Tadel und Unheil! Himmel und Erde, bewahrt uns vor
schrecklicher Gefahr!

Möge sich dies mein Gebet erfüllen, o Himmel und Erde, mit dem ich zu euch, Vater
und Mutter, spreche!
Seid uns die nächsten der Götter mit eurer Hilfe. Mögen wir stärkende Speisen in
großer Fülle finden!

Rig-Veda 5, 84:
Du, fürwahr, Prthivi, trägst das Werkzeug, das die Hügel öffnet:
Du bist reich an Flüssen, die mit Macht die Erde erquicken, O Mächtige.

Hier wird gesagt, daß die Erdgöttin die Wasser der Flüsse aus den (Grab)-Hügeln freilassen soll, in denen sie die Vritra-Riesenschlange gefangenhält.

Rig-Veda 10,59:
Himmel und Erde, zu Boden gehe die Krankheit! Dir soll nichts weh tun!

Die Erde (und der Himmel) ist auch im Rig-Veda eine Heilerin.

Rig-Veda 8, 18:
Himmel und Erde, haltet jeglichen Leibesschaden von uns fern!

Rig-Veda 10, 189:
Dieser bunte Stier ist hergeschritten und hat sich vor Mutter Erde und Vater Himmel gesetzt auf seinem Wege zur Sonne.

Der Opferstier ist auch den Indern bekannt gewesen.

Rig-Veda 1, 22:
Sei behaglich, Erde, dornenlos, eine Ruhestätte bereitend; gewähr uns deinen Schutz in ganzer Ausdehnung!

Rig-Veda 1, 65:
Den Flüssen verschwistert, wie der Bruder den Schwestern; wie der König die Reichen frißt er die Hölzer auf
– wenn er vom Winde getrieben sich im Holze ausbreitet, mäht Agni das Haar der Erde.

Hier werden die Bäume als das Haar der Erde angesehen – ein Motiv, das auch von den Germanen gut bekannt ist.
Der Feuergott Agni verbrennt das Holz der Bäume – er „mäht" also die Erde.

Rig-Veda 1, 145:
(an Agni)
Er, der Waldgänger, wurde auf die oberste Haut der Erde niedergesetzt.

Hier werden die Pflanzen als die Haut von Mutter Erde aufgefaßt.

Rig-Veda 1, 139:

(an Agni)

Das Obergewand der Mutter Erde rings beleckend nimmt er mit den lautschreienden
  Kriegern seinen Lauf querdurch,
dem was Füße hat, Stärkung schaffend, immer hin und her leckend.

  Das „Lecken" des Feuers sind Agnis flackernden Flammen.
  Das „Obergewand" der Mutter Erde sind die Pflanzen auf ihr.

Rig-Veda 3, 7:

(an den Opferpfosten)

Es salben Dich, o Baum, die Gottergebenen bei dem Opfer mit göttlicher Süßigkeit.
Wenn Du aufgerichtet stehen wirst, sollst Du uns hier Reichtümer einbringen, oder
  wenn Du im Schoße dieser Mutter Erde ruhen wirst.

  Die sexuelle Symbolik ist nicht zu übersehen … Es ist allerdings unsicher,
  ob sie auf eine frühere Wiederzeugungssymbolik zurückgeht.

Rig-Veda 1, 25:

(an Varuna)

Du Weiser gebietest über das All, über Himmel und Erde.

  Dies ist eine beliebte Formel, um einen Gott an die erste Stelle zu stellen –
  was zeigt, daß einst Himmel und Erde die beiden obersten Gottheiten gewesen sein müssen.

Rig-Veda 1, 61:

(an Indra)

Er hält Himmel und Erde umfasst, die weiten; nicht umschließen die beiden seine
  Größe.
Seine Größe reicht über Himmel und Erde, über das Luftreich hinaus.

Rig-Veda 1, 52:

(an Indra)

Du bist zu dem Gegenpol der Erde geworden, Du wurdest zu dem Herrn des hohen
  Himmels, in dem die erhabenen Helden sind.

Das ganze Luftreich hast Du mit deiner Größe ausgefüllt. Wahrhaftig, kein andrer ist Dir wirklich gleich.

Rig-Veda 2, 17:
(an Indra)
Er befestigte mit Kraft die vorwärts gehenden Berge; abwärts strebend ließ er die Flüsse eilen.
Er befestigte die allnährende Erde, er stützte mit Zaubermacht den Himmel, daß er nicht herabfalle.

Die Furcht vor dem herabstürzenden Himmel ist auch heute noch ein gut bekanntes keltisch-gallisches Motiv …

In den bereits angeführten Versen aus dem Rig-Veda 1, 104 wird lediglich befürchtet, daß die Sonne herabfallen könnte.

Rig-Veda 6, 44:
(an Indra)
Dieser stemmte Himmel und Erde auseinander,

Dieses Motiv findet sich in vielen Kulturen. Bei den Germanen fehlt zwar die Trennung von Niflheim und Muspelheim durch einen Gott, aber die Asen trennen das Fleisch des Urriesen Ymir (Erde) von dessen Schädel (Himmel).

Rig-Veda 9, 70:
Um den schönen Göttertrank bittend hat er mit Seherweisheit beide, Himmel und Erde, voneinander gelöst.

Rig-Veda 6, 70:
Die beiden milchreichen, herrlichsten aller Wesen, die weiten, breiten, Honig spendenden, schöngeschmückten Himmel und Erde,
sind nach des Varunas Verordnung auseinandergestemmt, alterlos, samenreich.

Rig-Veda 1, 35:
Savitri (Sonne) mit der goldenen Hand, der Ausgezeichnete, fährt zwischen beiden, zwischen Himmel und Erde.

Rig-Veda 10, 18:
(bei der Bestattung)
Kriech unter bei dieser Mutter Erde, bei der geräumigen, freundlichen Erde!
Eine Jungfrau, weich wie Wolle für den, der Priesterlohn gibt, soll Dich bewahren
vor dem Schoße der Vernichtung.
Wölbe Dich auf, o Erde, bedrücke ihn nicht, gib ihm guten Zugang und guten
Unterschlupf!
Wie die Mutter ihren Sohn mit einer Decke, so decke ihn zu, o Erde!

Die Toten kehren bei ihrer Bestattung in den Bauch von Mutter Erde zurück, aus dem heraus sie (symbolisch gesehen) auch geboren worden sind. Auch im Rig-Veda ist die Erdgöttin auch eine Jenseitsgöttin.

3. c) Indo-Perser
(die gemeinsamen Vorfahren der Inder und Perser)

Die Erde ist die Göttin des Jenseits, die am Morgen den Sonnengott wiedergebiert. Sie ist die Gegensatz-Ergänzung zum Himmel bzw. zu dem Himmels- und Sonnengott. Die Erdgöttin ist auch die Göttin der Fruchtbarkeit, der Fülle und der Heilung.

3. d) Armenier

Sandaramet

Die persische Erdgöttin Spenta Armati findet sich in der armenischen Mythologie, die zum großen Teil auf die Perser zurückgeht, unter dem Namen „Sandaramet".

3. e) Armeno-Inder
(die gemeinsamen Vorfahren der Inder, Perser, Mitanni und Armenier)

Die Erdgöttin ist auch die Jenseitsgöttin, die Sonnenmutter und die Fruchtbarkeitsgöttin. Ihr Gatte ist der Himmels- bzw. Sonnengott.

3. f) Skythen

Api

Die skythische Göttin Api („Wasser") wurde von Herodot der Gaia gleichgesetzt. Api wird daher eine Erdgöttin gewesen sein, die zugleich entweder auch die Flüsse oder die Wasserunterwelt verkörpert hat.

Diese Kombination, die auf dem Versinken der Abendsonne im Meer und der Bestattung der Toten in der Erde beruht, ist u.a. auch von den Germanen, den Kelten, den Griechen und den Persern bekannt.

3. g) Skytho-Inder
(die gemeinsamen Vorfahren der Inder, Perser, Mitanni, Armenier und Skythen)

Die Erdgöttin ist zugleich auch die Göttin des Jenseits, des Wassers und der Fruchtbarkeit sowie die Mutter des Sonnengott-Göttervaters, der ihr Gatte ist, der von ihr wiedergeboren wird.

3. h) Griechen

Gaia

Die griechische Erdgöttin trug den Namen Gaia, der „Erde, Land" bedeutet. Der Kern dieses Wortes ist „ga", das auch als „da" erscheint und sich als „de" in „Demeter" findet, deren Name „Erd-Mutter" bedeutet.

Gaia wird einst die Mutter des Sonnengott-Göttervaters (Zeus) gewesen sein, da die Riesen, deren König der Sonnengott-Göttervater im Jenseits ist, von den Griechen „Gigantes", d.h. „Söhne der Erde" genannt wurden.

Gaia war die Allmutter – die Mutter der Erde, des Himmels, der Götter und der Titanen (Giganten, Riesen).

In einer anderen, alten Version, waren die Erdgöttin Gaia und der Himmelsgott Uranos die Eltern der olympischen Götter. Dies entspricht ganz der Auffassung der Inder im Rig-Veda.

Hesiod erzählt dies wie folgt:

„Sie lag bei Uranos und gebar den tief-strudelnden Oceanus, Coeus, und Crius und Hyperion und Iapetus, Theia und Rhea, Themis und Mnemosyne und die gold-gekrönte Phoebe sowie die liebliche Tethys. Nach ihnen wurde Cronos geboren, der gerissene, jüngste und allerschrecklichste ihrer Kinder – und er haßte seinen starken Vater."

Gaia hatte auch zusammen mit Pontus („Meer") Kinder sowie mit dem Meeresgott Poseidon („Gatte der Erde"), mit dem Meeresgott Oceanus („Weltmeer"), mit dem Unterweltsgott Tartarus, mit dem Göttervater Zeus und mit dem Schmiedegott Hephaistos. Alle diese Götter sind Formen des Sonnengott-Göttervaters: Zeus ist der Göttervater, Hephaistos ist der Göttervater im Jenseits als Schmied und die Meeres-götter sind der Sonnengott-Göttervater in der Wasserunterwelt.

Gaia war auch die Jenseits-, Toten- und Orakelgöttin. Als Erdgöttin war sie auch die Göttin der Gräber in der Erde und als Jenseitsgöttin war sie auch mit dem Todeszeit-punkt assoziiert, wodurch sie zur Nornen-gleichen Orakelgöttin wurde.

Ihr ältestes Kultzentrum ist ein Erdspalt in Athen, der vermutlich als Eingang in die Unterwelt angesehen wurde und eine Orakelstätte gewesen ist. Auch das Orakel von Delphi, in dem die Seherin über einer Felsspalte saß, ist ursprünglich der Gaia geweiht gewesen.

Gaia wurde manchmal auch als Mutter, die von den Nahrungspflanzen umgeben ist, dargestellt. Sie war die „Geberin der Geschenke".

Homerische Hymnen: An die Erde, die Mutter aller Dinge

Ich will über die gutgegründete Erde singen,
die Mutter von allen, dem ältesten Wesen.
Sie nährt alle Geschöpfe in der Welt,
alle, die auf dem guten Land einhergehen,
und alle, die auf den Pfaden des Meeres sind,
und alle, die fliegen: all diese werden von ihren Vorräten gespeist.
Durch Dich, o Königin, werden die Menschen mit Kindern und mit Ernten gesegnet,
und Dir steht es zu, den sterblichen Menschen das zu geben,
was sie zum Leben brauchen und auch, es ihnen wieder zu nehmen.
Glücklich ist der Mensch, den zu ehren Dir gefällt!
Er hat alle Dinge in Fülle: sein fruchtbares Land ist mit Korn beladen,
seine Weiden sind mit Vieh bedeckt, und sein Haus ist mit guten Dingen gefüllt.
Solche Männer herrschen in rechter Weise in ihren Städten der schönen Frauen:
Große Reichtümer und Wohlstand folgen ihnen:
ihre Söhne erfreuen sich immer-frischen Glückes,

und ihre Töchter, die mit Blumenkränzen geschmückt sind,
spielen und springen fröhlich über die weichen Blüten auf dem Feld.
So ergeht es denen, die Du ehrst, o Heilige Göttin, Geist der Fülle!

Heil Dir, Mutter der Götter, Frau des sternenübersäten Himmels,
gewähre mit freigiebig für dieses mein Lied das, was das Herz erfreut!
Und ich werde mich Deiner erinnern und Dir eine weiteres Lied dichten.

Homerische Hymnen: An den Phytischen Apollo

Nachdem er dies gesagt hatte, kennzeichnete Phoebus Apollo die gesamten Maße;
in ihrer ganzen, sehr großen Länge und Breite; und auf diesem legten
Trophonius und Afamedes, die Söhne des Erginus, aus Stein das Fundament.
Und die zahllosen Stämme der Menschen erbauten darauf den ganzen Tempel
aus behauenen Steinen, worüber bis in alle Zeit gesungen werden wird.

Doch in der Nähe war eine süß-fließende Quelle und dort tötete der Herr,
der Sohn des Zeus, mit seinem starken Bogen die aufgeblähte Drachenfrau,
ein schreckliches Ungeheuer, daß großes Unheil unter den Menschen
auf der Erde anrichtete – unter den Männern selber
und unter ihren dünnbeinigen Schafen; denn sie war eine blutrünstige Plage.
Sie war es, die einst von der golden-thronenden Hera den schrecklichen, grausamen
        Thypaon
erhalten und aufgezogen hatte, damit er zu einer Plage für die Menschen wurde.
Einst hatte ihn Hera geboren, da sie wütend auf Vater Zeus war,
als der Sohn des Kronos die all-ruhmreiche Athena in seinem Kopf trug.
Darüber erzürnte die königliche Hera und sprach solchermaßen unter den
        versammelten Göttern:

„Hört von mir, all ihr Götter und Göttinnen,
wie der Wolken-versammelnde Zeus mich,
die er zu seiner der wahren Frau seines Herzens gemacht hat,
mutwillig zu entehren beginnt!
Seht nun, er hat ohne mich die helläugige Athena geboren,
die die erste unter all den gesegneten Göttern ist!
Doch mein Sohn Hephaistos, den ich geboren habe, war schwach unter den Göttern
und von verkrüppelten Füßen, eine Schande und eine Unehre für mich im Himmel –
den ich selber in meine Hände nahm und hinauswarf, sodaß er in das große Meer
        fiel.

Doch die silber-gekleidete Thetis, die Tochter des Nereus,
ergriff ihn und sorgte mit ihren Schwestern für ihn: Ich wünschte,
daß sie den gesegneten Göttern einen anderen Dienst erwiesen hätte!
O Du Hinterhältiger und Geschickter! Was wirst Du noch alles erdenken?
Wie konntest Du es nur wagen, selber die helläugige Athena zu gebären?
Als wenn ich Dir kein Kind geboren hätte – ich, die ich immerhin Deine Frau
unter den unsterblichen Göttern, die den weiten Himmel besitzen, genannt werde!
Sieh Dich nun vor, denn ich werde gleich für Dich ein übles Ding erschaffen:
Ja ich will bewirken, daß mir ein Sohn geboren wird,
der der erste unter den unsterblichen Göttern sein wird –
und das, ohne Schande über den heiligen Ehebund zwischen Dir und mir zu bringen!
Und ich werde nicht auf Dein Lager kommen,
sondern mich zu den gesegneten Göttern fern von Dir gesellen!"

Nachdem sie so gesprochen hatte, ging sie von den Göttern fort und war sehr wütend.
Dann begann die strahlend-äugige, königliche Hera zu beten,
schlug mit der flachen Hand auf die Erde und sprach wie folgt:

„Höre mich, Erde, ich bete zu Dir und zu dem weiten Himmel und zu euch Titanen-
        Götter,
die ihr unter der Erde in dem großen Tartarus wohnt, und von denen sowohl die
        Götter als auch die Menschen entsprungen sind!
Hört mich an, alle und jeder, und gewährt mir, daß ich ein Kind gebäre,
daß nicht von Zeus ist und daß keinen Deut schwächer als Zeus ist –
nein, laßt ihn um so viel stärker als Zeus sein als der all-sehende Zeus stärker als
        Kronos ist!"

So rief sie und schlug die Erde mit ihrer starken Hand.
Da wurde die Leben-spendende Erde gerührt –
und als Hera das sah, wurde sie froh in ihrem Herzen,
da sie dachte, daß ihre Bitte erfüllt worden war.
Danach kam sie ein ganzes Jahr
nicht mehr auf das Lager des weisen Zeus und saß auch nicht mehr
wie zuvor in ihrem Stuhl, um ihm weisen Rat zu erteilen,
sondern blieb in ihren Tempeln, in denen viele beten,
und erfreute sich ihrer Opfergaben – die groß-äugige, königliche Hera.
Doch als die Monate und Tage vollendet waren,
und die Zeit herankam, so wie sich die Erde dreht, da gebar sie einen,
der weder den Göttern noch den sterblichen Menschen glich, den fürchterlichen,
grausamen Typhaon, die Plage für die Menschen.
Sofort nahm die königliche Hera ihn und gab ihn, um das eine Übel

zu dem anderen Übel zu fügen, der Drachenfrau; und sie nahm ihn an.
Und dieser Typhaon verursachte großes Leid unter den berühmten Stämmen
der Menschen. Wer auch immer der Drachenfrau begegnete, den riß das Schicksal
hinfort, bis Apollo, der den Tod von ferne sendet, eine starken Pfeil auf sie schoß.
Da fiel sie, von bitteren Schmerzen zerrissen, nieder
und schnappte in heftigen Atemzügen nach Luft und wälzte sich an ihrem Ort umher.
Ein schreckliches Getöse schwoll an, als sie sich in dem Wald ständig
von hier nach dort wälzte und dort ihr Leben ließ
und es in einem Blutschwall ausatmete. Da rühmte sich Phoebus Apollo über ihr:

„Nun sollst Du hier verfaulen auf der Erde, die die Menschen ernährt –
Du sollst nicht mehr leben, um ein schreckliches Schicksal für die Menschen zu sein,
die die Früchte der all-ernährenden Erde essen,
und die vollkommene Tieropfer hierher bringen.
Gegen den grausamen Tod sollen weder Thyphoeus
noch Deine übel-gerühmte Chimera bestehen, denn hier sollen Dich die Erde
und der leuchtende Hyperion verrotten lassen!“

So sprach Phoebus und frohlockte über ihr –
und Dunkelheit überschattete ihre Augen.
Und die heilige Stärke des Helios ließ sie verfaulen,
weshalb dieser Ort nun Pytho genannt wird,
und die Menschen den Herrn Apollo mit einem neuen Namen,
Phythischer, anrufen, denn an diesem Ort
ließ die Macht des stechenden Helios das Ungeheuer verrotten.

In dieser Hymne ist die Unterweltschlange noch eng mit Hera verbunden, die einst die Jenseitsgöttin gewesen ist, doch die Schlange ist schon zu dem Ungeheuer geworden, das von dem Sonnengott bzw. dem Helden getötet werden muß – ähnlich wie Fafnir von Sigurd/Siegfried getötet wird.

Die eigentliche Mutter der Schlange, die ursprünglich einmal der Geist eines Toten gewesen ist, ist jedoch die Erde selber. (Siehe dazu auch den Band 41 „Schlangen und Drachen".)

Da selbst die oberste Göttin Hera die Erde zur Hilfe anruft, muß die Erde über allen anderen Gottheiten stehen.

3. i) Ost-Indogermanen
(die gemeinsamen Vorfahren der Inder, Perser, Mitanni, Armenier, Skythen, Griechen und Thraker)

Auch bei den Ostgermanen finden sich dieselben Vorstellungen über die Erdgöttin wie bei den West- und den Süd-Indogermanen.

4. Indogermanen

Plthivi mater, die „Erd-Mutter", wörtlich „Mutter der Breite", ist die Erde und auch das Land, in dem die Indogermanen wohnten. Als Erde ist sie auch das Hügelgrab und die Göttin im Totenreich unter der Erde. Daher ist sie auch die Göttin der Wiedergeburt – insbesondere die Wiedergeburts-Mutter des Sonnengott-Göttervaters Dhyaus. Als Jenseitsgöttin bestimmte sie auch den Todeszeitpunkt, wodurch sie auch zur Orakelgöttin geworden ist.

„Mutter Erde" scheint in früher Zeit zusammen mit „Vater Himmel" ein Paar gebildet zu haben.

III Die Erde in der jungsteinzeitlichen Überlieferung

Die Germanen sind ein Volk der Indogermanen, die von 7000-2800 v.Chr. in der südrussischen Steppe nördlich des Schwarzen Meeres und des Kaspischen Meeres gelebt haben.

Die Indogermanen stammen wiederum von den frühen jungsteinzeitlichen Jägern ab, die nach dem Ende der Eiszeit um 10.500 v.Chr. im nördlichen Mesopotamien gelebt und dort u.a. die Tempel von Göbekli Tepe und Nevali Cori errichtet haben. Ihre Sprache wird heute „Nostratisch", d.h. „unsere (Sprache)" genannt.

Zu den „nostratischen Völkern", also zu den Völkern, die ebenfalls von den Erbauern von Göbekli Tepe abstammen, zählen neben den Indogermanen u.a. auch die Sumerer, Babylonier, Elamiter, Ägypter und Semiten. Durch den Vergleich der Mythen dieser Völker läßt sich daher etwas über die ursprünglichen Mythen der Erbauer von Göbekli Tepe und somit über die Wurzel der indogermanischen Mythen herausfinden.

1. Mesopotamien

Mesopotamien ist das Ursprungsgebiet der nostratischen Völker.

1. a) Sumer

Ki

Am Anfang war die Göttin Ki („Erde") und der Gott An („Himmel").

Dieses Urpaar hatte zwei Kinder: die Tochter Ki-shar („Ganze Erde") und den Sohn An-shar („ganzer Himmel"). Diese Konstruktion läßt auf ein zyklisches Motiv im Zusammenhang mit der Entstehung der Welt schließen. Möglicherweise hängt es mit den Jahreszeiten und mit dem Ackerbau zusammen.

Ki ist die „Mutter der Götter".

Urash

Die Göttin Urash ist weitestgehend mit der Göttin Ki identisch. Auch sie ist die Frau des Himmelsgottes Anu.

Ihre Tochter ist die Göttin Ninsun, deren Sohn der Held Gilgamesch ist.

Ninhursaga

Der Name dieser Göttin bedeutet „Herrin des Heiligen Berges". Sie trug u.a. die Titel „Große Königin", „Herrin der Geburt" und „Herrin der Götter".

Sie ist eine Muttergöttin, eine Fruchtbarkeitsgöttin, eine Berggöttin, eine Hebamme und die Herrin des Himmels.

Sie ist die Frau des Erdgottes Enki („Herr Erde"). Zusammen mit ihm erschuf sie die ersten Menschen. Sie ist offensichtlich mit der Göttin Ki („Erde") identisch.

In den Mythen werden die Könige von Sumer mit der Milch der Ninhursaga genährt. Ninhursaga führt auch die Krönung der Könige durch.

Ihr Symbol ist seit 3000 v.Chr. eine Art Ω, das vermutlich ihre Gebärmutter darstellt. Diese Deutung ist jedoch nicht ganz sicher, da die ägyptische Göttin Hathor mehrfach mit exakt einer solchen Frisur dargestellt wird. Allerdings trägt Ninhursaga in keiner einzigen Darstellung eine derartige Frisur – aber vielleicht hat sich ja auch die Haartracht der Göttin seit der Entstehung dieses Symboles geändert …

Dieses Symbol muß deutlich älter als 3000 v.Chr. sein, da es sich auch in Ägypten und in dem germanischen Hügelgrab von Kivik findet.

Da die Vorfahren der Indogermanen um 7000 v.Chr. aus Nordmesopotamien ausgewandert sind, wird dieses Symbol vermutlich bis mindestens zu dieser Zeit zurückreichen. Die Vorfahren der Ägypter sind um ca. 4500 v.Chr. von Mesopotamien aus an den Nil gezogen.

Es wäre allerdings auch denkbar, daß die Germanen dieses Symbol von den Menschen der Megalithkultur übernommen haben, die sich ab 5500 v.Chr. von Mesopotamien aus ausgebreitet haben und die vor den Germanen in deren südskandinavischen Siedlungsgebiet gelebt haben. Die Germanen haben von den Megalith-Völkern mehrere mythologische Motive übernommen (siehe Band 1).

Ω über Hütten, Sumer

*Ω unter der Hand der Göttin
Ninhursaga, Sumer*

das Ω der Ninhursaga (links oben), Sumer

Hathor mit Ω-Frisur, Ägypten

Hathor mit Ω-Frisur, Ägypten

Ω als Jenseitstor, Hügelgrab von Kivik

*Ω (?) als Sonnentor,
Hügelgrab von Kivik*

Das „Ω" ist offenbar ein wichtiges jungsteinzeitliches Symbol gewesen.

Das zweite bekannte jungsteinzeitliche Symbol, das sich lange erhalten hat und sich sogar bis um ca. 9500 v.Chr. nach Göbekli Tepe zurückverfolgen läßt, ist die „gebogene Hantel", die auf dem linken Kivik-Bild links oben auf dem Stab in dem Bottich mit den beiden Menschen zu sehen ist. Sie stellt das Diesseits und das Jenseits und den Weg zwischen ihnen dar (siehe „Hantel-Symbol" in Band 55).

Da auch dieses Symbol ansonsten von den Germanen nicht verwendet worden ist, wird es ebenfalls über die Megalith-Kultur zu ihnen gelangt sein.

Enki

Enki ist der Erdgott – sein Name bedeutet „Herr Erde". Später wurde er „Ea" genannt. Aus ihm ist das astrologische Zeichen „Wassermann" („Sterne des Ea") entstanden.

Er ist auch ein Schöpfergott und ein Gott des Wassers, der Fruchtbarkeit, der Zeugung und der Magie und er wurde außerdem noch als der Planet Merkur angesehen. Sein Haupttempel, der um 4500 v.Chr. gegründet worden ist, hieß „Tempel der Unterweltwasser". Enki ist offenbar ein „Toter in der Unterwelt", die entweder eine Erd-Unterwelt oder eine Wasser-Unterwelt ist. Enki ist also kein „Erdgott", sondern ein „Gott in der Erde".

> In entsprechender Weise sind auch die Tyr-Riesen kein Erdgott, sondern der Sonnengott-Göttervater Tyr in der Erdunterwelt. Dieses Motiv ist auch bei den anderen indogermanischen Völern weit verbreitet – so ist z.B. Zeus der Göttervater am Himmel, sein Bruder Poseidon der Göttervater in der Wasserunterwelt und sein Bruder Hades der Göttervater in der Erdunterwelt. Dies entspricht ganz dem sumerischen Enki in der Erd- oder Wasserunterwelt. Dieses Motiv scheint also bis mindestens 7000 v.Chr. zurückzureichen, da die Indogermanen zu dieser Zeit von Mesopotamien aus nach Norden hin ausgewandert sind.

Enki war der Geliebte der Muttergöttin Ninhursaga – dies ist ursprünglich wahrscheinlich ein Wiederzeugungs-Motiv gewesen. Ursprünglich ist Enki der Ninhursaga deutlich untergeordnet gewesen – wie dies zwischen der Erd- und Jenseitsgöttin und dem „wiedergeborenen Gott" allgemein üblich ist.

Die Mutter des Enki ist die Urgöttin und Wassergöttin Nammu (die babylonische Tiamat). Nammu entspricht der Ninhursaga und ist sozusagen ihr Wasserunterwelts-Aspekt.

> Ninhursaga gleicht der germanischen Hel und Nammu der germanischen Ran.

Enki vereint sich mit Ninhursaga in der Heiligen Hochzeit, die eine rituelle Form der Wiederzeugung ist. Vermutlich ist die Erschaffung der Menschen und aller

Lebewesen aus Lehm durch Enki und Ninhursaga aus einer Umdeutung der Wiedergeburt des Enki durch Ninhursaga entstanden.

Dies entspricht der Vereinigung der Odin mit Gunnlöd in deren Hügelgrab, also im Jenseits. Eine ältere Variante ist die Vereinigung des toten Tyr-Helgi mit der Walküre Sigrun in seinem eigenen Hügelgrab.

Enki und Ninhursaga leben in dem Paradies „Dilmun". Da dieses Paradies „Ort, an dem die Sonne aufgeht" und „Land der Lebenden" genannt wird, scheint Enki einst ein Sonnengott gewesen zu sein.

Dieser Ort wurde von den Germanen „die Tod-losen Gefilde" genannt.

Die Symbole des Enki sind die Hörnerkrone (Stier = Zeugungskraft) und die Doppelschlange (die Kraft der Ahnen).

Die Hörnerkrone finde sich bei den Germanen als die Hörner an den Ritual-Helmen wieder, die sowohl bei ihnen als auch bei den Sumerern auf das Stieropfer für den Sonnengott-Göttervater zurückgehen. Die Schlange erscheint bei den Germanen meistens als Drache – sowohl die Schlange als auch der Drache sind ursprünglich die Gestalt der Seele des Toten gewesen.

Als Mann in der Wasserunterwelt ist Enki in eine Fischhaut gekleidet. Seine Zeichen sind die Ziege (Zeugungskraft) und der Fisch (Wasserunterwelt), die später zu dem Ziegenfisch (Capricorn) verbunden worden sind.

Auch Tyr-Heimdall und Loki verwandeln sich in ein Herdentier (Stier, Hirsch, Eber, Widder, Ziegenbock usw.) oder in Wassertiere (Robbe, Lachs usw.)

Der Gott Abzu („Wasserunterwelt") ist der Großvater des Enki. Das läßt auf einen zyklischen Vorgang von Tod, Wiederzeugung und Wiedergeburt wie bei dem Sonnengott oder bei dem Vegetationsgott schließen.
Enki schläfert seinen Großvater Anzu ein und verbannt ihn in die Unterwelt.

Diese Art von Mythe findet sich u.a. auch bei den Hethitern, den Griechen und den Germanen. Die Verbannung des Kronos durch seinen Sohn Zeus, die Entmachtung des Hymir durch seinen Sohn Tyr usw.
Der sumerische Wasserunterwelt-Großvater Abzu des Enki entspricht dem germanischen Wasserunterwelt-Riesen Ägir-Hler-Gymir, der mit Tyr identisch ist.

Der Götterkönig Enlil verursacht die Große Flut, um alle Menschen zu vernichten, aber sein Halbbruder Enki rät dem Atrahasis, sich ein Boot zu bauen. Dies ist der Ursprung des Berichtes über Noah und die Sintflut.

Auch dieses Motiv findet sich bei den Germanen als die große Flut wieder, in der fast alle Riesen ertranken und nach der dann Aurgelmir, dessen Sohn Thrugelmir sowie dessen Enkel Bergelmir das Riesengeschlecht neu begründet haben.

Enki ist auch der Besitzer und Bewahrer der Me. Diese Me sind die Seelen und die allen Dingen und Wesen innewohnende Richtigkeit. In einem Trinkwettstreit mit Inanna wird Enki so betrunken, daß er ihr die Me gibt. Es ist anzunehmen, daß die Me ursprünglich wohl der Muttergöttin Inanna-Ninhursaga gehört haben werden, da es die Göttin ist, die die Seelen (wieder-)gebiert. Für diese Deutung spricht auch, daß das Wort „Me" die Bedeutung „Mutter" oder „das zur Mutter gehörende" hat.

Auch bei den Germanen streiten sich Odin und Freya um die Seelen der Toten.

- - -

Schon diese wenigen kurzen Vergleiche zwischen der germanischen und der sumerischen Mythologie zeigen deutlich, daß die mit der Erde verbundenen mythologischen Vorstellungen seit der frühen bis mittleren Jungsteinzeit (7000 v.Chr. oder früher) ausgesprochen beständig gewesen sind.

Shumugan

Der Gott Shumugan wurde ursprünglich „Amakandu" genannt. Er ist ein Gott der von Flüssen durchzogenen weiten Ebene Mesopotamiens. Er hat seine Macht von dem Erdgott Enki erhalten.
Shumugan lebt in der Unterwelt am Hof der Jenseitsgöttin Ereshkigal und ist der Vater des Sonnengottes Shamash. Vermutlich ist er ursprünglich die alte Sonne in der Unterwelt gewesen, der sich selber zusammen mit der Jenseitsgöttin wiederzeugt und dann von ihr wiedergeboren wird.
Er ist auch der Gott des Viehs.

Enten

Enten ist ein Fruchtbarkeitsgott. Er wurde von Enlil („Herr des Sturmes") erschaffen. Er beschützt wie Shumugan das Vieh, aber auch die wilden Tiere. Da er zudem mit der Fruchtbarkeit der Erde und dem Winter verbunden war, wird auch er der „alte Gott in der Unterwelt" sein.

1. b) Syrien

Liluri ist die Göttin der Berge – möglicherweise war sie eine Erd- oder Hügelgrabgöttin.
Sie war die Frau des syrischen Wettergottes Manuzi. Ihnen wurden Stiere geopfert.

1. b) Arabien

Die Erdgöttin Al-Lat, die auch „Allat" geschrieben wird, wird oft von einem Löwen begleitet und hält einen Palmwedel in ihrer Hand. Diese Löwengöttin läßt sich bis nach Çatal Höyük (7000 v.Chr.) und Göbekli Tepe (9500 v.Chr.) zurückverfolgen, wo sie aufgrund des damals noch feuchteren Klimas und der entsprechend anderen Tierwelt eine Panthergöttin gewesen ist.

Allat war an mehreren Orten die Hauptgöttin. In Karthago wurde sie als „Allatu" verehrt.

Als Jenseitsgöttin ist sie mit der sumerischen Ereshkigal identisch.

Herodot berichtet, daß die Araber nur zwei Gottheiten hatten: Orotalt und seine Frau Alilat.

Aus dem Namen Alilat/Allat ist später der Name „Allah" geworden. Im Islam wird sie als Allahs Tochter angesehen und wohnt in Mekka in der Ka'abah.

Diese Umdeutung einer Muttergöttin zu der Frau des Götterkönigs und schließlich zu der Tochter des Göttervaters findet sich in vielen Religionen und auch bei den Germanen (z.B. bei Thrud).

2. Nordostafrika

Der nordöstliche Zipfel von Afrika ist ab ca. 4500 v.Chr. ebenfalls von Mesopotamien aus geprägt worden (Ägypter, Berber u.a.).

2. a) Ägypten

Geb

Der Gott Geb entspricht weitgehend dem sumerischen Enki. Geb ist die Erde und seine Frau Nut der Himmel. Hier ist der Gott schon so eng mit der Erde verbunden, daß er von einem „Gott in der Erde" zu einem „Erdgott" geworden ist, was die Göttin dann an den Himmel verschoben hat.

Während sich bei den Sumerern (wie auch bei den Indogermanen) die Erdgöttin Ki und der Himmelsgott An als das Urgötterpaar erhalten haben, ist von diesem Paar in den Mythen der Ägyptern nichts mehr übriggeblieben.

Allerdings wird Geb als alter Mann, als Gans (Seelenvogel), Krokodil (Wasserunterwelt), Widder (Zeugungskraft) und Stier (Zeugungskraft) dargestellt. Geb ist also noch gut als „Toter in der Erdunterwelt" erkennbar.

Geb ist auch in seinen Mythen eng mit der Unterwelt und daher auch mit der Heilung verbunden.

Als Erdgott ist auch ein Korngott und daher auch ein sterbender und wiedergeborener Gott (wie Osiris). Auch als erster König von Ägypten ist er ein gestorbener und im Jenseits wiedergeborener Gott.

Geb und Nut waren die Eltern von Isis und Osiris, die dasselbe Verhältnis wie Nut und Geb haben – die Jenseitsgöttin und der von ihr Wiedergeborene. Auch hier kann man einen Zyklus vermuten.

Atum

Dieser Gott entspricht dem biblischen Urmenschen Adam, dem germanischen Urriesen Ymir, dem indischen Totengott Yama und dem persischen Urkönig Yima.

Atum ist das Erste Land, die Urinsel, die Erde und der Urgott. Alle Wesen sind aus seiner Substanz erschaffen worden. In den Pyramidentexten ist er der Vater des Königs.

Die Urriesenmythe ist vermutlich eine Vergrößerung der Wiedergeburtsmythe der Sonne bzw. allgemein der Toten. Der Urriese ist ein Motiv innerhalb der Schöpfungsmythe, während die Erdgöttin von Anfang an da ist – einfach so … Das spricht das für, daß das Motiv der Erdgöttin älter und ursprünglicher ist.

3. Europa

3. a) Indogermanen

Die Indogermanen haben fast ganz Europa geprägt – bei ihnen ist die Erde eine Göttin.

In Europa sind lediglich die Basken, die Etrusker, die Finnen und die Ungarn nicht-indogermanische Völker.

3. b) Basken

Ama-Lurra

Die Basken leben in Nordspanien. In ihrer Religion gibt es eine Erdgöttin, die „Lurbira" oder „Amalur" („Ama-Lurra" = „Mutter Erde") genannt wird. Sie ist die wichtigste Gottheit und die Mutter der Sonnengöttin Eki und der Mondgöttin Ilazaki. Sie ist die Urahnin aller Lebewesen.

4. frühe Jungsteinzeit

Außer der indirekten Schlußfolgerung aus den Religionen, die von den frühen Jägern und Ackerbauern in Nordmesopotamien abstammen, ist durch die Funde in Göbekli Tepe und den umliegenden frühjungsteinzeitlichen Kultplätzen auch eine direkte Betrachtung der Auffassung der damaligen Menschen in Bezug auf die Erde möglich.

4. a) Göbekli Tepe

Es gibt zwar keine direkte Darstellung einer Erdgöttin, aber der Bau der Tempel zeigt, daß diese Tempel als eine Mutter mit einem Kind in ihrem Bauch aufgefaßt worden sind. Sie sind eine Fortführung der noch älteren Schwitzhütten, die ebenfalls der Bauch der Muttergöttin sind.

Da diese ersten Tempel zum einen teilweise aus Stein errichtet worden sind und sie zum anderen nach Beendigung des Kultes in ihnen mit Erde bedeckt worden sind und sie zum dritten in den folgenden Jahrtausenden zu den Hügelgräbern weiterentwickelt worden sind, kann man recht sicher sagen, daß es in Göbekli Tepe eine Erd- und Jenseitsgöttin gegeben hat, deren Bauch als Schwitzhütte bzw. Tempel nachgebaut worden ist.

Vermutlich ist der Erd-Aspekt jedoch nicht vorrangig gewesen. Diese Göttin wird vermutlich in erster Linie eine „Mutter der Geburt der Lebenden" und eine „Mutter der Wiedergeburt der Toten" gewesen sein.

Aus den Menschen in der Schwitzhütte und den Totenseelen im Bauch der Muttergöttin ist dann später der „Gott in der Erde" geworden.

Die folgende Graphik ist ein Modell der Tempel von Göbekli Tepe. Das innere Dach über dem inneren Steinring (das „Kind" im Mutterbauch) und das äußere Dach über dem äußeren Steinring (der „Mutterbauch"), die wie bei den Schwitzhütten aus Ästen und Fellen bestanden, sind nicht dargestellt, damit man den Aufbau der Tempel erkennen kann.

173

Tempel von Göbekli Tepe (Modell)

Diese Tempel stellen den Bauch einer schwangeren Mutter dar:

    1. In der Mitte befindet sich eine kreisförmige Mauer – das ungeborene Kind.

    2. Um diese Mauer herum befindet sich in geringem Abstand eine zweite Mauer – der Bauch der Mutter.

    3. An einer Stelle berührt die äußere Mauer die innere Mauer oder ist durch eine kurze Mauer mit ihr verbunden – die Nabelschnur.

    4. Zu dem Raum, der durch die äußere Mauer gebildet wird, führt ein kurzer Gang – die Vagina.

5. Am Anfang des Ganges befindet sich ein steinernes Tor – die Scham.

Die Ähnlichkeit der Tempel von Göbekli Tepe mit den Schwitzhütten wird deutlich, wenn man ihren Grundriß und ihren Aufbau genauer betrachtet:

174

Schwitzhütte (ohne Felle auf dem Gerüst) | *Göbekli Tepe (nur die Grundmauern)*

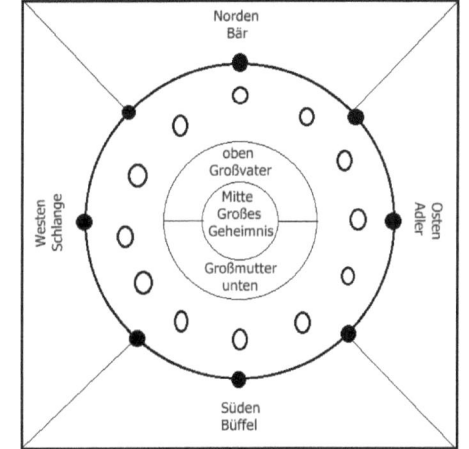

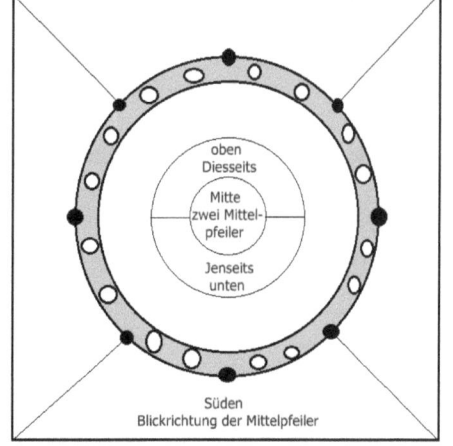

großer Kreis: Schwitzhütte

kleine Kreise: Ritualteilnehmer
kleine Kreisflächen: Stäbe/Ahnen
Mitte: Loch für die glühenden Steine
oben: Großvater Himmel (Diesseits)
unten: Großmutter Erde (Jenseits)

großer Kreis: Tempelmauer
grauer Kreisring: Bank
kleine Kreise: Ritualteilnehmer
kleine Kreisflächen: T-Pfeiler
Mitte: die beiden Mittelpfeiler
oben: Diesseits
unten: Jenseits

Die Dolmen (Hügelgräber) der Megalithkultur sind wie die Tempel von Göbekli Tepe und wie die „überirdischen" Megalithbauten konzipiert worden:

Tempel, Steinkreise und Dolmen

Göbekli Tepe		·=>	Steinkreise	·=>	Dolmen
Symbolik	Bau				
Außenmauer: Bauch der Großen Mutter	Außenmauer	·=>	(doppelter) Steinkreis	·=>	Grabkammer
Innenmauer: Fruchtblase; Kinder im Bauch der Großen Mutter	Ahnenkreis in der inneren Tempelmauer				
Vagina der Großen Mutter	Gang zum Tempel	·=>	Prozessions-weg zum Steinkreis	·=>	unterirdischer Gang zum Grab
Scham der Großen Mutter (Tor zwischen den beiden Welten)	zwei Panther-Steine am Eingang	·=>	zwei hohe Menhire am Anfang des Prozessions-weges	·=>	Eingangsportal aus besonders bearbeiteten Steinen (selten)
zwei hohe Steine in der Tempelmitte	Leib und Seele	·=>	zwei oder mehr hohe Steine im Zentrum	·=>	-

Bei den Völkern, die wie die Indogermanen von den frühen Ackerbauern in Mesopotamien abstammen, gibt es vier Arten von Tempel. Die architektonischen Elemente von Göbekli Tepe, die die Grundlage für die Elemente der späteren Tempel bilden, sind jeweils in Klammern beigefügt.

    1. Indogermanen: das von einer überdachten Säulenreihe (Pfeiler in der Außenmauer) umgebene Haus (Innenmauer),

    2. Ägypten, Sumer, Babylonien u.a.: der heilige Hügel, der oft vier Aufgänge hat und teilweise zu einer Pyramide weiterentwickelt worden ist (der nach dem Ende des Kultes mit Erde bedeckte Tempel),

    3. Megalithkultur: der doppelte Steinkreis (Innen- und Außenmauer), zu dem eine links und rechts von Steinen gesäumter Weg führt (Gang zum Tempel), und

    4. Hügelgräber u.a.: die Höhle (Innenraum und Gang zum Tempel).

5. Zusammenfassung

Die Erde ist bei den nostratischen Völkern eine Göttin. Sie ist sehr wahrscheinlich aus der Muttergöttin entstanden, in deren Bauch die damaligen Menschen bei den Schwitzhüttenzeremonien gesessen haben.

Sie ist vermutlich sekundär mit der Erde assoziiert worden, weil die Toten in der Erde begraben wurden, die dadurch wie die Schwitzhütte zum Bauch der Muttergöttin geworden ist.

Sowohl die lebenden als auch die verstorbenen Menschen waren die Kinder im Bauch der Muttergöttin-Erdgöttin – entweder in dem Schwitzhütten-Tempel oder im Grab.

Vermutlich hat auch der Ackerbau zu dem Bild der Erdgöttin beigetragen, da auch die Pflanzen als ihre Kinder aufgefaßt werden konnten. Insbesondere der Korngott ist ab der Mittleren Jungsteinzeit als Sohn der Muttergöttin aufgefaßt worden.

Aus den Lebenden im Tempel und den Toten in der Erde sowie aus dem Korngott hat sich dann das Motiv des „Gottes in der Erde" gebildet, das sich bei den Sumerern und bei den Ägyptern zu einem Erdgott weiterentwickelt hat.

Ein weiteres Motiv ist der Urriese, aus dem die gesamte Welt erschaffen worden ist. Er ist nicht nur die Erde, sondern auch das Meer, der Himmel, die Wolken und alle Dinge in der Welt. Bei den Ägyptern ist dieser Urriese zu dem „Ersten Land" geworden, das wie eine Insel in dem Urmeer aufgetaucht ist – was auch ein Geburtsmotiv ist.

IV   Die Erde in der spät-altsteinzeitlichen Überlieferung

Um 50.000 v.Chr. ist der Homo sapiens von Afrika aus nach Europa und Asien eingewandert. Um 30.000 v.Chr. hat er dann auch Australien besiedelt und ab 14.000 v.Chr. Amerika.

Die Sprachen, die von diesen Einwanderern in Eurasien abstammen, werden borealische Sprachen („Nördliche Sprachen") genannt.

Die gemeinsamen Vorstellungen dieser borealischen Völker können daher noch von diesen frühen Einwanderern aus Afrika stammen.

1. nostratische Völker

Die westlichen Nachkommen des in Eurasien eingewanderten Homo sapiens sind die nostratischen Völker, zu denen u.a. auch die Germanen gehören.

Bei ihnen ist die Erde eine Göttin.

2.   Asien

2. a)   Sibirien

Aisyt

Der Name der sibirische Muttergöttin Ajysyt-ijaksit-khotan, die meistens nur „Aisyt" genannt wird, bedeutet „Gebärende, nährende Mutter". Sie bringt auch die Seelen vom Himmel in die Neugeborenen und bestimmt ihr Schicksal.

Sie wohnt in einem siebenstöckigen Haus auf einem Berggipfel und lenkt die Geschicke der Welt.

Sie ist auch die Mutter der meisten Tiere. Manchmal erscheint sie den Menschen an dem Milchteich am Fuße des Weltenbaumes.

Sie ist die Tochter des Himmelsgottes Gok-Tengri und der Erdgöttin Toprak Ana. Sie wurde mit der Nacht assoziiert.

Yer Tanrica

Auch Yer Tanrica, die auch Yer Ana genannt wird, ist eine Erdgöttin der Turkvölker in Sibirien. Sie gibt die Fruchtbarkeit und gute Ernten und die Fülle. Sie ist mit Aisyt identisch.

Sie ist die Mutter, die Frau und die Tochter des Göttervaters Gok-Tanri. Sie wird daher die Göttin sein, die den Göttervater zyklisch wiedergebiert.

Khaltesh-Anki

Khaltesh-Anki ist eine weitere sibirische Erdgöttin.

2. b) Mongolei

Etugen Eke

Der Name „Etugen Eke" der mongolischen Muttergöttin bedeutet „Mutter Erde". Sie wird als schöne, füllige Frau dargestellt.

Sie ist die Beschützerin des Ackerlandes und der Natur. Etugen Eke ist die Herrin aller Tiere. Zu ihr gehören der Heilige Berg und der der graue Stier, auf dem sie oft reitet.

2. c) China

Tudigong

Der Name des Gottes „Tudigong" bedeutet „Herr des Erdbodens". Er wurde auch „Shegong" („Herr der Gemeinschaft") und „Dabogong" („Großer, alter Herr") genannt und er wurde manchmal auch als „Yeye", d.h. als „Großvater" angesprochen.

Er wurde als älterer, edler Mann mit einem Stab in seiner rechten Hand und einen Goldbarren in seiner linken Hand dargestellt. Dieser Gott, der einst eine der am meisten verehrten Gottheiten in China gewesen ist, war der Herr der guten Ernten und der Beschützer der Händler.

Er scheint eher ein „Gott in der Erde" und ein Korngott als ein Erdgott zu sein.

2. d) Japan

Daikokuten

Daikokuten ist ein Gott des Wohlstandes und insbesondere des Reis. Er besitzt einen goldenen „magischer Geldhammer".

Auch er ist eher ein dem germanischen Freyr ähnelnder Korn- und Wohlstandsgott als ein Erdgott.

2. e) Südostasien

Phra Mae Thorani

Der Name der Göttin „Phra Mae Thorani" bedeutet „verehrte Mutter Erde". Sie ist offensichtlich eine Erdgöttin.

Im Buddhismus ist sie jedoch zu einer jungen Frau geworden, die Buddha gegen die Illusionen des Mara hilft.

3. Australien

Von den Aboriginals in diesem Kontinent ist zwar eine Muttergöttin, aber keine Erdgöttin und auch kein Erdgott bekannt.

Die Muttergöttin hat die Gestalt einer Schlange – vermutlich weil die Schlangen die Ahnengeister in der Erde gewesen sind und die Mutter der im Jenseits wiedergeborenen Ahnen daher auch die Gestalt einer Schlange haben mußte.

4. Indianer

4. a) Athabasken

Asintmah

Asintmah war die erste Frau auf der Erde. Sie verkörpert die Erde und die Natur und ist somit eine Erdgöttin.

4. b) Dakota

Unci Maka

Der Name der Dakota-Erdgöttin „Unci Maka" bedeutet „Großmutter Erde". Sie ist vermutlich eine der heute am bekanntesten indianischen Erdgöttinnen, da sie heute in vielen Schwitzhüttenritualen angerufen wird, die außerhalb von den USA meistens in der Dakota-Tradition stehen.

Ihr Gegenpol ist der Himmels- und Sonnengott Tunkashila. Sein Name bedeutet „Großvater".

4. b) Pawnee

Atira

Atira ist eine Erdgöttin, die den Menschen den Mais gibt. Sie ist wie z.B. die ägyptische Isis und die sumerische Inanna die Mutter des Getreides und somit auch die Mutter des Korngottes. Bei den Germanen entspricht sie der Göttin Sif.

Sie wurde als die Frau des Schöpfergottes Tirawa angesehen.

4. c) Navahos

Asdzaa Nadlehee

Der Name „Asdzaa Nadlehee" bedeutet „sich wandelnde Frau". Sie ist die Erdgöttin und die Pflanzengöttin und entspricht daher der Göttin Atira der Pawnees.

Als Pflanzengöttin ist sie mit den Jahreszeiten assoziiert, was sich darin zeigt, daß diese Göttin abwechselnd altert und sich wieder verjüngt.

4. d) Azteken

Coatlicue

Der Göttinnenname „Coatlicue" bedeutet „die mit dem Schlangenrock". Sie ist die ursprüngliche Erdgöttin und Todesgöttin der Azteken gewesen: Die Erde ist die Gebärmutter und das Grab.

Ihre Schlangengestalt stammt wie die Schlangengestalt der australischen Muttergöttin und der babylonischen Tiamat und wie die Drachengestalt der germanischen Göttin Huldar von dem Motiv der Schlangen-gestaltigen Ahnen ab.

Sie wurde „unsere Mutter", „unsere Großmutter", „Göttermutter" und „Schlangenfrau" genannt.

Sie trägt ein Kleid aus Schlangen, eine Kette aus Menschenschädeln und sie hat Krallen an den Händen. Sie entspricht sehr deutlich der germanischen Göttin Hel …

Sie war als Erd- und Jenseitsgöttin auch die Mutter des Sonnengottes Huitzilopochtli.

Toci

Der Göttinnenname „Toci" bedeutet „unsere Großmutter". Sie wird als alte Frau mit einer teilweise schwarzen Bemalung im Gesicht dargestellt. Auch sie erinnert an die germanische Hel und an die griechische Hekate – die gefürchtete Jenseitsgöttin.

Als Göttin der Unterwelt ist sie auch die Göttin der Schwitzhütten, der Hebammen und der Heilung.

Wie ihr Beiname „Herz der Erde" und ihre Assoziation mit den Ernten zeigt, ist sie auch eine Erdgöttin.

Tlazolteotl

Auch Tlazolteotl ist eine Göttin der Schwitzhütten, der Reinigung, der Hebammen und zudem auch die Göttin der Ehebrecher, was vermutlich ein umgedeutetes Wiederzeugungsmotiv sein wird.

Ihr Tier ist der Jaguar, was den beiden Panthern der Göttin von Göbekli Tepe und von Çatal Höyük entspricht (siehe „Großraubtier" in Band 43 oder mein Buch „Göbekli Tepe").

Tonantzin

„Tonantzin" bedeutet „unsere Große Mutter" und ist ein Titel vieler Erd- und Muttergöttinnen der Azteken gewesen.

Tezcatlipoca

Der Name des Gottes Tezcatlipoca bedeutet „Rauchender Spiegel" und bezieht sich auf seinen Spiegel aus poliertem Obsidian, den er zum Hellsehen benutzt. Die Indianer bezeichneten generell den milchigweißen Nebel, den man zu Beginn des Hellsehens wahrnimmt, als „Rauch".

Tezcatlipoca ist einer der vier Söhne des Urgottes Ometeotl. Er repräsentiert den Nachthimmel, den Nachtwind, den Norden, die Erde und den Obsidian, er ist teilweise schwarz bemalt, trägt eine Krone aus Fischreiher-Federn (Seelenvogel) und er ist der Gott des Totenfestes. Tezcatlipoca ist offensichtlich ein Unterweltsgott.

Er ist auch der Gott der Herrschaft, der Wahrsagung, der Magie und des Krieges. Tezcatlipoca ist also auch ein zauberkundiger Königsgott, was seinen Ursprung in dem Motiv des wiedergeborenen Gottes haben könnte.

Sein Krafttier ist der Jaguar „Bergherz". Der Jaguar ist wie alle Großraubtiere der Begleiter der Schamanen und sekundär auch der Könige und Helden.

Die mit Tezcatlipoca verbundene Zauberei und der Jaguar lassen vermuten, daß dieser Gott auch eine Wurzel im Priestertum hat. Er ist wie der germanische Odin ein Priester-König.

Der Schlangengott Quetzalcoatl ist sowohl sein Gegner als auch sein Helfer. In einer Myhte verwandelt sich Tezcatlipoca in die Sonne, doch Quetzalcoatl schlägt ihn mit einer Steinkeule wieder auf die Erde herab.

Tezcatlipoca ist offenbar ein „Gott in der Erde", der in sich Sonnenmythen, Königsmythen und Schamenenmythen vereint – also alle drei Jenseitsreisemythen: die Sonne in der Nacht, der König bei seiner Krönung und der Schamane bei seiner Reise zu den Ahnen.

4. e) Paraguay

Ao Ao

Ao Ao ist das Kind des Loki-ähnlichen Tau und der Schmetterlingsfrau Kerana. Er ist ein halbmenschliches Ungeheuer, das verschiedene Tiergestalten annehmen kann. Er ist der Geist der Zeugungskraft und der Fruchtbarkeit.

Da er auch „Herr der Hügel und der Berge" genannt wurde, könnte er ein „Gott in der Erde" sein. Seine Zeugungskraft und seine Tiergestalt könnten auf ein Wiederzeugungsmotiv zurückgehen.

4. f) Quetchua (Inkas)

Pachamama

Der Name Pachamama bedeutet „Erdmutter". Sie ist die Erde, das Leben, die Ernte, die Fruchtbarkeit und die Berge.

Ihr Mann ist „Pacha Kamak", dessen Name „Schöpfer der Welt" bedeutet. Diese beiden Gottheiten haben zusammen die beiden ersten Menschen erschaffen.

Der Sonnengott Inti und die Mondgöttin Mama Quilla („Mutter Mond") sind die Kinder dieser beiden Gottheiten.

4. g) Mapudungun und Mapuche

Tenten-Vilu

In Südchile wurde der Gott „Tenten-Vilu" verehrt. „Vilu" bedeutet „Schlange" und kennzeichnet ihn als Ahn in der Erde. Entsprechend ist er auch ein Gott der Erde und der Fruchtbarkeit, der die Pflanzen und Tiere beschützt.

5. Pazifik

5. a) Polynesien und Neuseeland

Papatuanuku

Die Erdgöttin Papatuanuku der Maoris ist das Kind der Urgöttin Varima-te-takere („Göttin des Anfangs"), die die Erde aus einem Teil ihres eigenen Körpers erschaffen hat. Diese Mythe erinnert ein wenig an den Urriesen. Wie bei der Erschaffung der Erde aus dem Leib der Göttin Tiamat bei den Babyloniern scheint sich hier das Motiv der Erdgöttin mit dem Motiv des Urriesen vermischt zu haben.

Der Mann der Erdgöttin Papatuanuku ist der Himmelsgott Ranginui – dies ist wieder das „klassische Paar".

Die beiden Gottheiten haben zusammen viele Söhne, die ihre Eltern aus ihrer Vereinigung trennen, sodaß die Welt, d.h. der Luftraum zwischen Himmel und Erde entsteht. Eine ähnliche Mythe ist u.a. auch von den Ägyptern und aus Afrika bekannt.

5. b)   Hawaii

Papahanaumoku

Diese Erdgöttin hieß auf Hawaii Papahanaumoku. Dort ist sie mit dem Himmelsgott Wakea ein Paar.

6.   späte Altsteinzeit

In Ansätzen lassen sich auch die Vorstellungen über die Erd- und Muttergöttin des Homo sapiens in der späten Altsteinzeit in Eurasien rekonstruieren.

Ab ca. 50.000 v.Chr. hat der Homo sapiens eine große Zahl von Mutter-Statuetten hergestellt.

Die Höhlen, deren Wände er hauptsächlich mit Bildern von Tieren bemalt hat, werden vermutlich wie die Schwitzhütten mit dem Bauch der Muttergöttin assoziiert worden sein. Da sich diese Höhlen „in der Erde" befinden und die Toten schon damals in der Erde bestattet worden sind, könnte die Muttergöttin auch schon damals eine „Erdgöttin", also eine „Mutter Erde" gewesen sein.

Aus der Höhle von Laussel in Südfrankreich sind drei Felsritzungen bekannt, die um 23.000 v.Chr. eine zweifache Frau (wie die „Dame" auf den Skatkarten) und zwei Frauen mit Füllhorn darstellen. Die Göttin wird daher auch schon damals die Mutter gewesen sein, die im Diesseits die Lebenden gebiert und die im Jenseits die Totenseelen wiedergebiert.

Sehr wahrscheinlich haben die frühjungsteinzeitlichen steinernen Totempfähle aus Göbekli Tepe und aus Nevali Cori hölzerne Vorläufer in der späten Altsteinzeit gehabt. Auf ihnen wurde in Nevali Cori auch die zweifache Muttergöttin dargestellt.

Die „Große Mutter" von Laussel

| *Frau mit Horn 1* | *Frau mit Horn 2* | *zweifache Frau* |

6. Zusammenfassung

Die Muttergöttin könnte auch schon in der späten Altsteinzeit eine Erdgöttin gewesen sein. Sie wird auf jeden Fall mit den Höhlenmalerei-Höhlen und somit mit der Erde assoziiert worden sein. Auch die weite Verbreitung der Erdgöttin bei den borealischen Völkern spricht für diese Annahme.

Ihr Gegenpol ist so gut wie überall der Himmelsgott.

V Die Erde in der mittel-altsteinzeitlichen Überlieferung

Der Homo sapiens hat sich in der Zeit vor 200.000-100.000 Jahren in Südwestafrika aus dem Homo erectus entwickelt. Von ihm stammen alle heutigen Menschen ab.

1. Afrika

Der in den bisherigen Betrachtungen noch fehlende Kontinent ist Afrika, von dem aus der Homo sapiens die übrigen Kontinente besiedelt hat.

Motive, die auf allen Kontinenten einschließlich Afrika zu finden sind, könnten daher 50.000-100.000 Jahre alt sein, also aus der Zeit stammen, als der Homo sapiens lediglich in Afrika gelebt hat. Man muß jedoch auch Parallelentwicklungen wie z.B. die Entstehung einer Erdgöttin aufgrund der allgemeinen Bestattungen der Menschen in der Erde in Betracht ziehen.

1. a) Nigeria

Ala

Das Volk der Igbo verehrt die Göttin Ala, deren Name „Erde" bedeutet. Sie ist die Erde, sie fördert die Fruchtbarkeit und beschützt bei Geburten. Sie ist die wichtigste Gottheit der Igbo. Sie wird als Königin auf einem Thron mit einem Kleinkind auf ihrem Arm und mit einer Mondsichel dargestellt.

Ihr Mann ist der Donner-, Blitz- und Himmelsgott Amadioha.

1. b) Ghana

Asase Ya

Asase Ya ist die Erdgöttin der Ashanti. Sie ist eine der wichtigsten Gottheiten dieses Volkes. Sie ist die Erde, fördert den Ackerbau, erhält die Wahrheit und holt die Seelen der Toten ins Jenseits. Sie ist also eine typische Erd- und Jenseitsgöttin (wie z.B. auch die germanische Jörd).

Ihr Mann ist der Himmelsgott Nyame („der alles sieht") und ihr Sohn ist der Spinnenmann Anansi (ein Loki-ähnlicher Trickster).

2. Zusammenfassung

In Afrika findet sich dieselbe Erdgöttin wie in den anderen Kontinenten, die zugleich die Jenseitsgöttin ist. Ihr Mann ist auch in Afrika der Himmelsgott.

VI Die Erde in der früh-altsteinzeitlichen Überlieferung

Über den religiösem Vorstellungen des Homo erectus ist nur wenig bekannt. Er hat vor ca. 600.000 Jahren, als er in das kalte Nordeurasien gezogen ist, damit begonnen, Schwitzhüttenrituale durchzuführen (für Details siehe mein Buch „Schwitzhütten").

Da er manchmal auch Hütten aus Mammutschädeln hergestellt hat, kann man vermuten, daß man schon damals die Muttergöttin auch mit der Fruchtbarkeit der Mammuts assoziiert hat.

Der älteste bekannte religiös genutzte Ort ist bereits 400.000 Jahre alt und befindet sich in Bilzingsleben in Thüringen. Dort wurden ein Lagerplatz gefunden, an dem sich drei Hütten, ein Werkstattplatz für die Herstellung von Steingeräten, ein Schlachtplatz und ein runder, mit Steinen gepflasterter Platz erhalten haben. An dem runden Platz lag auf einem größeren Felsbrocken ein Auerochsenschädel und daneben die Reste einiger menschlicher Schädel.

Man kann zumindest die Hypothese wagen, daß es sich bei diesem Arrangement um einen Altar für die Große Mutter in Kuhgestalt handelt, bei der sich die Ahnen (Schädel) im Jenseits befanden.

Auch wenn diese Interpretation unsicher ist, wird dieser „Altar" doch recht sicher eine kultische Bedeutung gehabt haben.

VII Die Biographie der Erdgöttin

- vor 225.000.000 Jahren -

Die Mutter ist schon seit den ersten Säugetieren die zentrale Gestalt in der Psyche der Säugetiere bis hin zum Menschen gewesen.

- vor 600.000 Jahren -

Durch die Schwitzhütten des Homo erectus bekam die Muttergöttin ein erstes Ritual, das sich noch heute erfassen läßt. Durch die Erdbestattungen ist die Muttergöttin vermutlich schon damals mit der Erde assoziiert worden.

- vor 100.000 Jahren -

Es ist denkbar, daß es schon in bei dem Homo sapiens in Afrika vor seiner Auswanderung nach Eurasien die Vorstellung einer Erdgöttin und eines Himmelsgottes gegeben hat – zumindestens ist dieses Motiv weltweit verbreitet.

Falls diese Vermutung zutreffen sollte, wird vermutlich die Welt insgesamt als anthropomorph, also als ein Paar zweier riesiger Menschen aufgefaßt worden sein – ein Mann als Himmel und ein Frau als Erde.

Das würde zu dem ebenfalls sehr alten Motiv des Urriesen passen. Es muß allerdings zu einer Umdeutung gekommen sein, da dieser Urriese außer bei den Babyloniern und den Azteken immer ein Mann ist.

- vor 50.000 Jahren -

Der Homo sapiens hat nach seiner Einwanderung in Eurasien Statuetten der Muttergöttin und vermutlich auch hölzerne Totempfähle, die sich z.T. auch auf die Muttergöttin bezogen haben, hergestellt. Die Höhlen mit den Tier-Malereien werden wie die Schwitzhütten als der Bauch der Mutter Erde aufgefaßt worden sein.

- um 10.000 v.Chr. -

In der Jungsteinzeit entwickelte sich die Schwitzhütte zu den ersten runden Tempeln und zu den Hügelgräbern weiter. Durch den Ackerbau erhielt die Muttergöttin noch die Funktion der Vegetations-Mutter hinzu, die das Motiv der Erdgöttin deutlich betont haben wird.

- von 7.000 v.Chr. bis 2.800 v.Chr. -

Die Erdgöttin ist in der gesamten weiteren Entwicklung bis hin zu den Germanen die Göttin der Erde, der Hügelgräber, des Jenseits, der Fruchtbarkeit der Pflanzen sowie der Wiederzeugung und der Wiedergeburt geblieben. Der Himmelsgott blieb fast immer ihr Gegenpol und ihr Mann.

Durch die Beschreibung der Jahreszeiten als ein Kampf zwischen dem Himmels- und Sommergott gegen die Wintergott-Regenräuberschlange entstand bei den Indogermanen die Vorstellung eines endlosen Streits zwischen diesen beiden Göttern um die Erd- und Jenseitsgöttin, da sie ohne sie nicht wiedergeboren werden und in das Diesseits zurückkehren konnten.

- von 1.800 v.Chr. bis 500 n.Chr. -

Bei den Germanen ist Tyr der Sonnengott-Göttervater und Sommergott gewesen, während Loki die Rolle des Wintergottes und der Regenräuberschlange übernommen hat. (Siehe dazu auch Band 3 über „Tyr", Band 16 über „Loki" und Band 41 über „Schlangen und Drachen".)

- von 500 n.Chr. bis 1200 n.Chr. -

Als die beiden südgermanischen Götter Thor und Odin um 500 n.Chr. den nordgermanischen Göttervater Tyr abgesetzt haben, wurde Odin zum Mann der Erdgöttin und Thor zu dem Sohn der beiden. Odin hat dabei die Rolle des alten, abendlichen Sonnengott-Göttervaters übernommen und Thor die Rolle des jungen, morgendlichen Göttervaters.

- - -

Die Erdgöttin ist eines der ältesten und beständigsten religiösen Motive.

VIII   Traumreise zur der Erdgöttin

Ich bin mir unsicher, ob ich allgemein zur germanischen Erdgöttin reisen soll oder speziell zu einer bestimmten Erdgöttin. Ich entscheide mich für die erste der beiden Möglichkeiten.

Ich reise zur Erdgöttin, zur germanischen Erdgöttin.
„Zu mir?"
„Wer bist Du? Wer hat das gesagt?"
„Jörd."
„Ehm ... das ging aber schnell ..."
„Ich bin überall und immer da."
„Ehm ... ja ..."
Tiefer Seufzer ...
„Ist das sinnvoll, daß ich einfach zur germanischen Erdgöttin reisen will – also, wenn Du Dich daraufhin meldest? Seid ihr alle dieselbe?"
„Nicht ganz."
„Kannst Du mir die Unterschiede sagen?"
„Das Alter und die Entstehung ... die Bereiche ..."
„Ist Folde eine Felder-Göttin?"
„Felder und Weiden."
„Und Haudr?"
„Der Name ist nie von Bedeutung gewesen."
„Und Herche?"
„Das ist einfach die Erde ... kein besonderer Göttinnenname ... mit Kult und so ..."
„Und Gefion?"
„Sie ist am stärksten vermenschlicht worden."
„Stimmt es, daß ihr Name von den Matronen herkommt und daß sie ein Freya-Aspekt ist?"
„Ja."
„Und Skadi?"
„Frag sie selber!"
„Oh – ja, ich sehe Dich."
Tiefer Seufzer ...
Ich sehe Skadi. Sie ist sehr aufrecht, sie hat etwas strenges, königliches, sie wirkt viel dunkler und ernster als Jörd.
„Oh – wieso bist Du so anders als Jörd?"
Skadi: „Ich bin viel enger mit dem Königtum verbunden – das hat mein Aussehen geprägt. Deshalb bin ich mehr wie eine Königin – Jörd ist mehr wie die Erde."

„Und Gefion? ... Hm ... jetzt sehe ich Dich auch. ... Du hast etwas Mütterliches ... etwas Weiches, aber ... sehr eigenständig ... das wirkt anderes als das heutige Mutterbild ..."

„Und Mona?"

Jörd: „Das ist auch kein richtiger Göttinnenname gewesen. Das war einfach die Mutter."

„Und Fiörgyn?"

„Sie ist so ähnlich wie Skadi."

„Und Hlodyn? Ist das die Muttergöttin – die Beschützende?"

„Sie ist nicht identisch mit Huldar, aber sie hat dieselbe Wurzel ... dieselbe Wurzel in den Vorstellungen."

„Hm ... gibt es etwas, was ihr mir zeigen mögt? ... ... Wer zeigt mir das? ... Ihr? ... Du, Skadi?"

Skadi: „Ja. Ich spreche gerade mit Dir."

Das, was ich sehe, ist ein Hügelgrab. Ich sehe auch das Innere – den Gang und die Grabkammer. Es sehr dunkel dort drinnen, aber ich kann den Raum trotzdem deutlich erkennen.

Skadi: „Gehe hinein."

„Gut."

Ich gehe hinein.

„Und nun?"

Skadi: „Leg Dich hin."

Ich lege mich hin.

Skadi: „Nicht so auf den Rücken – auf die Seite ... ein bißchen eingerollt ... wie ein Embryo."

Der Boden wird auf einmal weich ... es wird warm ... Ich fühl mich wie in einem Mutterbauch. ... Das ist ein bißchen wie eine Schwitzhütte ...

Skadi: „Das ist das, was wichtig ist ... das ist Dein Nährboden ... das ist Dein Halt ... dieses Vertrauen – das ist das, woraus das andere wächst – alles andere ..."

Sehr tiefer Seufzer ...

Ich lasse mich da hineinfallen ... oder ... hineinsinken ... es ist eher ein Loslassen ...

Dort liege ich lange Zeit einfach still da ...

Noch ein wohltuender Seufzer ...

Es ist wie mich entspannen und mich satttrinken ... erfüllt sein ... das ist mühelos ...

Noch ein Seufzer ... das tut gut ...

Ich spüre das Lächeln der Erdgöttinnen ... oder der Erdgöttin ...

Jetzt sehe ich auch noch Rindr ... sie ist wie Jörd ...

„Hm ..."

Skadi: „Wenn Du willst, kannst Du jetzt wieder in die Welt hinausgehen ... und wenn Du willst, kannst Du gleichzeitig immer hier sein ...

„Das klingt gut! Danke! ... ... Gibt es noch etwas, was Du mir sagen oder zeigen möchtest?"

Skadi: „Das ist schon gut, was Du machst."

„Ist es förderlich, weiter darauf zu achten, im Hier und Jetzt zu bleiben?"

Skadi: „Ist das wirklich eine Frage?"

„Eigentlich nicht, nein. ... ... Aber ich bin mir manchmal unsicher, was eigentlich sinnvoll ist ..."

Skadi: „Sei Du selber – und das kannst Du nur im Hier und Jetzt sein."

Pause ...

Ein entspannenderSeufzer ...

„Ich danke Dir ... ich danke euch."

„Bitte schön."

Ich kehre jetzt zurück.

Ich spüre so etwas wie einen Segen oder wie ein Lächeln ... ne – so etwas wie eine Gewißheit, daß Mutter Erde immer da ist ... daß ich nicht mal zu ihr gehen muß, weil sie immer da ist ... ... darin liegt eine Beständigkeit und Sicherheit ... ... die Erde wird mich nie fallen lassen – deshalb bin ich bei ihr geborgen ... ja, so ist es.

„Danke Erde! ... Ho!"

IX   Die heutige Bedeutung der Erdgöttin

Die Erde ist auch heute noch die Grundlage jedes Lebens auf unserem Planeten.

Die Erdgöttin zeigt sich heute jedoch aufgrund des immer größeren Einflusses des Menschen auf die Natur für uns Menschen in der dringenden Notwendigkeit, mit der Erde auf eine Weise umzugehen, die es auch noch folgenden Generationen von Menschen ermöglicht, auf der Erde zu leben.

Die Erdgöttin kann auch noch heute jedem Menschen Halt und innere Ruhe und Geborgenheit geben, indem man an einer Schwitzhüttenzeremonie teilnimmt oder indem man sich einfach auf einer Wiese, im Wald, am Strand oder auf einem Felsen auf die Erde legt.

Der Kontakt zu Erdgöttin und ihre Bedeutung für uns Menschen ist so schlicht und einfach und elementar, daß es dazu nicht viel zu sagen gibt …

X   Hymnen an die Erdgöttin

Die folgenden Verse sind keine germanische Überlieferung, sondern eine Neudichtung. Sie sollen zum einen das erhaltene Wissen über die germanischen Erdgöttinnen zusammenfassen und zum anderen eine Vorbereitungs-Hilfe für Meditationen und evtl. Texte in Ritualen sein.

Diese Verse sollte stets so gekürzt, ergänzt und umgeformt werden, daß sie der Empfindung dessen entsprechen, der sie benutzt.

Sie sind im wesentlichen Gebrauchslyrik, auch wenn sie im Stil an die Dichtungen der Skalden angelehnt sind.

1.   An die Erdgöttin

Mona, milde Mutter der Menschen,
Mond-beschienenes Antlitz[1] der Ersten!
Nichts war nirgends in Ymirs Halle[2],
Nichts war bevor Du warst.
Erde, Du Embla-Enkel[3] erhaltende Ebene,
Erste aller Wesen in der Welt!
Auf Dir leben wir hier alle,
Alleine Du gibt uns ein Heim.

Jörd, von Jörmungandr Umringte,
Jeder lebt auf Deinem Leib!
Du gibst uns alle guten Dinge,
Dir verdanken wir das Leben.
Yrd, Insel im endlosen Ozean,
Ymirs Eiland in Ymirs Blut!
Du trägst uns, Du hältst uns,
Du nährst uns, Du schützt uns.

---

1   Antlitz = Erdoberfläche
2   Ymirs Halle = Himmelskuppel (sein Schädel) = Welt
3   Embla = die erste Frau; deren Enkel = Menschen

Eorda, Erhalterin der ergiebigen Ernten,
Ernährerin von uns Menschen!
Bitte gib mir, worum ich bitte,
Bitte sende, was ich jetzt brauche!
Marnar, Mahlerin des Mühlen-Mehls,
Mächtige Mutter aller Wesen!
Füge den glitzernden Fluß des Lebens,
Führe die Fülle in meine Hände!

Hlodyn, Hüterin der heiligen Haine,
Herrin der weiten Wälder und Felder!
Hilf mir, ein gutes Heim zu errichten,
Heimat zu finden auf meinen Pfaden!
Gefion, gütige Göttin der Garben,
Geberin von Speise und Trank!
Gib mir Grund für einen Garten,
Gerste und Lauch will ich pflanzen.

Fira-Modor, Vermehrerin der Fülle,
Freya bist Du und auch Frigg!
Heile die Gier, den Mangel, den Haß,
Hilf uns, die Fülle miteinander zu teilen!
Folde, Fürstin der fruchtbaren Flure,
Freigiebige der Ernten und Kinder!
Laß uns leichte Wege finden,
Leid und Trennung zu beenden!

Skadi, Schützerin der Stiere und Schafe,
Schenkerin der Füllen und Kälber!
Gib uns Milch und gute Wolle,
Genügend Speisen und ein Haus!
Jorunn, großer Jörmungrund[4],
Jägerin, Hirtin und Bäuerin!
Lehre uns, behutsam zu leben,
lieber zu schonen als zu zerstören.

---

4   Jörmungrund = „gewaltige Ebene" = Erde

Gyma, Geberin aller guten Gaben,
Gebärerin der Morgensonne!
Laß die Goldene immer leuchten,
Licht und Wärme allen schenken!
Rindr, riesige Regin-Mutter[5],
Retterin aller, die Dich rufen!
Sende uns Hilfe, wenn wir sie suchen,
Schicke uns Helfer, wenn wir sie brauchen!

Erce, ergiebige, endlose Erde,
Erhalterin des Lebensgrundes[6]!
Du gibst Halt, Du gibst Hoffnung,
Du gibst Heimat und Heilung dem Herzen!
Haudr, Herrin der Heilkräuter,
Helferin für alle Kranken!
Labsal für meinen leidenden Leib,
Lebenshüterin, das gibst Du mir!

Fiörgyn, Förderin der Felder,
Fürstin an aller Könige Seite!
Seherin, zeige mir meine Seele,
schärfe mein Auge für mich selber!
Herche, Herrin der Heide-Hügel,
Hel ist Dein Name – Höhle der Geburt!
Du gabst mir Geburt im Diesseits,
Du gibst sie mir auch im Jenseits.

---

5 Regin = König, Gott; hier: Sonne
6 Lebensgrund = Erdboden

2. Das Lied des Heilers

Rindr, Riesin der Erde,
reiche mir das Wissen,
die Kenntnis der Kräuter,
die Krankheit bekämpfen!

Skadi, schenke mir Lebenskraft,
schließe mir Sinmaras Truhe[7] auf,
gibt mir die Gaben des Mistelzweigs,
gewähre mir heilende Hände!

Mona, Dein ist die Magie,
Mächtig ist Dein Zauber,
der das Leben fördert,
der die Menschen stärkt.

Gyma, gib mir von dem Göttermet,
gewähre mir einen Trank,
mische in dem Kessel für mich
den Trank unter dem Sonnenschild.

---

7 Die Jenseitsgöttin Sinmara bewahrt in ihrer Truhe den Mistelzweig, der Baldur getötet hat. Ursprünglich ist dieser Zweig die Hoffnung auf die Wiedergeburt gewesen.

3. Erdzauber

Eisenwald-Frau, laß ergrünen
die Ebene der Rindr;
laß Jörmungrund gedeihen
und Gaben spenden uns Menschen!

Ahnfrau aller Könige,
achte auf die Mächtigen,
das sie weise wählen,
welche Wege sie gehen!

Jörd, Du kennst jeden Ort
in Jörmungandrs Mitte[8]:
Lokis Winter, Leikns[9] Sommer,
Loptrs[10] Grab und Litrs Hügel[11].

Gerdr, öffne das Hügelgrab,
gib Tyr sein Leben,
daß er für alle Lebenden leuchtet,
und Licht über Jörd ergießt!

Mona, Mutter der Sonne,
mächtig bist Du:
Du gebierst als Gefion
Gymir den Goldenen!

Wächterin von Walas[12] Kessel
mit der Woge[13] unterm Sonnenschild:
Du hast Macht über alle Menschen,
Du bemißt die Länge ihres Lebens.

---

8   Jörmungandr = Riesenschlange im Meer rings um Midgard; deren Mitte = Midgard
9   Leikn = Tyr-Riese
10 Loptr = Loki
11 Litr = Tyr-Riese; sein Grab = Hügelgrab des Tyr
12 Wala = Seherin; hier: Jenseitsgöttin
13 Woge = Göttermet

Tochter der Tag-scheuen Nott[14],
Du kennst den Tod –
und seine Heilung durch Deine Hilfe:
die Wiedergeburt im Hügelgrab.

Folde, Fürstin der Heidehügel[15],
Finsternis des Grabes,
in der nur Geister milchweiß glimmern:
lehre mich, lebend dorthin zu gelangen![16]

Weiseste aller Wesen,
Weiteste aller Erschaffenen,
Mutter aller Asen und Menschen:
Wer hat mehr Macht, mehr Magie als Du?

Königin mit der Berge-Krone[17]
Du kennst, was kommt:
laß mich schauen, sehen,
was mir richtig zu entscheiden hilft!

Mutter des Tyr, lehre mich
Magie und Heilung,
damit ich Midgards Kindern[18]
Milderung des Leides bringen kann.

Fiörgyn, uralte Erdfrau,
führe den, der sich selber sucht,
zu sich, zum Herzenstempel
zu seiner eigenen Seele!

Insel im Immerwogenden,
in Dir finden wir Ruhe,
wenn wir unserer Wanderungen
auf weiten Wegen müde werden.

---

14 Nott = Nacht, Nachtgöttin, Jenseitsgöttin
15 Heide = Jenseits; Heidehügel = Hügelgrab
16 Diese Strophe ist die Bitte um das Erlernen der Jenseitsreise.
17 Die Berge befinden sich auf der Erdgöttin wie eine Krone.
18 Midgards Kinder = Menschen

Wenn ich mich setzte, wenn ich mich lege,
wenn ich wortlos nach Dir rufe,
dann kommst Du, Königin, zu mir
und hilfst mir wie eine Mutter ihrem Kind ...

Verzeichnis der Themen

(die Zahl ist die Nummer des Bandes, in dem sich das Thema findet)

Goi 34
Gold 55
Goldalter 55
Goldemar 7
golden 46
Goldhelm 66
Goldhörner von
Gallehus 57
Göll 31
Golnir 5
Göndul 31
Gorr 34
Görsemi 29
Götter 36
Götterdämmerung 55
Götterkampf 55
Göttermet 69
Götter-Tiere 44
Gottesurteil 64
Gurgelbiß 55
Grab 49
Grani 6
grau 46
Grendel 5
Grendels Mutter 35
Greppur 34
Grer 32
Grid 28
Grid 35
Grim 5
Grim 39
Grima 35
Grimhild 31
Grimling 5
Grimnir 5
Grim Struppig-Wange 79
Grip 35
Gripir 34
Grissa 35
Groa 28
Grottintanna 35

Grotunagard 52
grün 46
Gryla 35
Gudr 31
Gudrun 31
Gudmund 5
Gullnir 5
Gullveig 29
Guma 35
Gundelrebe 45
Gunn 31
Gunnlöd 28
Gunnthinga 31
Gürtel 60
Gusir 6
Gygr 35
Gylfaginning 77
Gyllir 5
Gyllir 34
Gyma 20
Gymir 5
Haarband 60
Haare 63
Habicht 40
Hafle 34
Hafli 5
Hafthi 39
Hagen 16
Hahn 40
Hala 35
Halfdan 39
Halfdan Brana-
Ziehsohn 79
Halfdan Eisteinson 79
Hamdir 39
Hamingja 50
Hammer 66
Hand 63
Handschuhe 60
Hanf 45
Hannar 32
Hantel-Symbol 55

Har 32
Hära 35
Hardbeen 6
Hardgreip 35
Hardgreipir 34
Hardverkr 34
Harek Eisenkopf 6
Harfe 57
Harz 45
Hase 44
Hasel 45
Hastingi 34
Hati 5
Hati 43
Hattatal 77
Haudr 20
Haugspori 32
Haym 34
Hecht 44
Hedin 39
Hedin und Högni 79
Hefring 35
Heid 35
Heiddraupnir 5
Heide 49
Heidrek 39
Heidungi 6
Heilige Hochzeit =>
Wiederzeugung 55
Heiliger Hain =
Weltenbaum 52
Heilung 64
Heilziest 45
Heimdall 8
Heimir 39
Heinir 34
Heith 35
Heithdraupnir 5
Hel 26
Helblindi 20
Helgi 39
Helgi Thorisson 79

Hel-Haut 49
Helidi 27
Hellebarde 66
Helreginn 5
Helm 66
Hengikefta 35
Hengiköpt 6
Hengjankapta 35
Hepti 32
Herbst 54
Herbsttagundnacht-
gleiche 54
Herche 20
Herdentiere 42
Herdentierfell 42
Herfjötur 31
Hergrim Halbtroll 5
Hergunnur 35
Heri 32
Herja 31
Herkir 6
Herkja 35
Hermodr 37
Hertha 28
Hervor => Heidrek
Hervor und Heidrek
=> Heidrek
Herz 63
Hexe 58
Hianka 31
Hidde 34
Hild 31
Hildolf 5
Hildolf 20
Himingläva 35
Himmel 52
Himmelsrichtungs-
Mandala 54
Himmelsträger-
Zwerge 32
Hirsch 42
Hjaltrimul 31

Keiler 42
Kenningar 75
Kerbel 45
Kessel 57
Keule 66
Kiebitz 40
Kili 32
Kisi 34
Kiste 57
Kjallandi 6
Kjallandi 35
Klaufi 34
Klee 45
Kleima 35
Knochen 67
Knoten 64
Kobolde 36
Kol der Bucklige 39
Kolfrosta 28
Kolga 35
Kopf 63
Kormoran 40
Korn 45
Körperteile 65
Köttr 34
Kraftgütel => Gürtel
Krähe 40
Kraka 31
Kranich 40
Kräuter 45
Kreppvör 35
Kriegerin 62
Kreuzblume 45
Kreuzkraut 45
Krönung 64
Kröte 44
Kuckuck 40
Kuril 6
Kult 55
Kundalini 64
Kwasir 20
Kyrmir 6

Lachanfall 64
Lachen 55
Lachs 44
Landgeister 36
Lauch 45
Laufey 26
Laurin 7
Laus 40
Leber 63
Leib 63
Leidi 34
Leifi 6
Leifnir 6
Leikn 35
Leimrute 66
Leiter 49
Leirvör 35
Leopard 43
Lerche 40
Lidskialf 20
Liebestrank 70
Liebeszauber 64
Lif 39
Lifthrasir 39
Litr 6
Litr 32
Ljod 29
Ljota 35
Lodin 6
Lodinfingra 35
Lodur 16
Lofar 7
Lofn 29
Lofnheid 35
Logi 34
Loki 16
Loni 32
Lopthoena 28
Lori 35
Loricus 6
Löwe 43
Löwenmäulchen 45

Luchs 43
Lutr 34
Lyngheid 35
Magni 19
Malseron 34
Mana 35
Managarm 43
Mannus 20
Mardalla 27
Marder 43
Margerdr 35
Margerthur 35
Mangold 45
Mantel 67
Mantel der Nanna 67
Marnar 29
Märzviole 45
Maske => Helm
Maus 44
Meer 49
Meer der Zeit 55
Meer-Menschen 36
Mehlbeere 45
Mehltau 45
Meili 9
Meise 40
Menglöd 22
Menja 28
Menschenopfer 64
Messer 66
Midgard 52
Midgardschlange 41
Midi 6
Midjungr 34
Midwitnir 6
Mimir 6
Mist 31
Mistel 45
Mistkäfer 40
Mittelpfeiler =>
Yggdrasil
Mittsommer 54

Miötwitnir 32
Mjoll 34
Modgudr 29
Modgudr 31
Modi 19
Modrädnir 32
Modsognir 7
Mögthrasir 6
Moin 32
Mökkurkjalfi 6
Molda 35
Mona 20
Mond 48
Mondul 32
Moosfrau von
Saalfeld 32
Moosleute von
Arntschgereute 32
Mörn 35
Möwe 40
Mühle 66
Mundilfari 6
Munin 40
Munnharpa 35
Münze 67
Muspel 6
Muspelheim =>
Feuer 52
Myrkrida 35
Myrkvid 49
Nabbi 32
Nacktheit 60
Nadel 55
Nägel 55
Naglfar 49
Nain 32
Nali 32
Namensgebung 64
Nanna 21
Nauma (Hel) 35
Nar 32
Narfi 6

Schaumkraut 45
Schierling 45
Schild 66
Schlafdorn 55
Schlangen 41
Schlangenauge 63
Schlangengrube 49
Schlangenzunge 63
Schleifstein =>
Wetzstein
Schmetterling 40
Schmied 4
Schmied 55
Schnecke 44
Schneeweiß-
Goldschöne 28
Schuh 63
Schutzgeist =>
Fylgja/Hamingja
Schutzzauber 64
Schwalbe 40
Schwan 40
Schwanenkleider der
Walküren 40
Schweden-Riese 6
Schwein 42
Schwert 66
Schwitzhütte 64
sechsköpfiger Riese 6
Seehund 44
Seekuh 44
Seelenvogel 40
Seelenvogel 50
Segen 68
Seher 60
Seherin 58
Seidelbast 45
Seidr 64
Sel 6
seltsamer dritter
Bruder 55
Sense 67

Siar 32
Sichel => Sense
sieben Schwestern 28
Siegfried 38
Sieglind 31
Siegstein 67
Sif 24
Sigdrifa 31
Sigurd 38
Sigi 39
Sigrlami 39
Sigrun 31
Sigyn 28
silbern 46
Simul 31
Sinmara 28
Sindri 32
Sinthgunt 29
Sivör 35
Sjuld 31
Skadi 20
Skafid 32
Skalden 61
Skaldatal 77
Skaldenlieder 78
Skaldinnen 61
Skalli 34
Skalmöld 31
Skadskaparmal 77
Skärir 5
Skeggiöld 31
Skidbladnir 49
Skimsli 5
Skirnir 37
Skirkjar 35
Skirwir 32
Skjalf 29
Skjalv 34
Skjellinefja 29
Skjöldr 39
Skögul 31
Sköll 43

Skorpion 40
Skrati 34
Skrymir 5
Skrimnir 5
Skuld 30
Slagfid 39
Sleggja 35
Snae 34
Snotra 29
Solbiart 5
Sohn der Freya 19
Sohn des Freyr 19
Solblindi 5
Sölfn 29
Sommer 54
Somr 5
Sonne 48
Sonnengöttin 48
Sonnenhymne 64
sonstige Magie 64
Sörli 39
Spatz 40
Specht 40
Speer 66
Sperber 40
sprechende Tiere 41
Sprichworte 74
Spindel 55
Spinnerin 55
Spiritus familiaris 36
Sprettingr 5
Stab 67
Starkad 6
Starkad 39
Stärketrank 70
Statue 57
Stein 64
Steine und Edelsteine
64
Steinigung 55
Stern 48
Sternbild 48

Sternbild 55
Stigandi 5
Storch 40
Storkvid 34
Stoverkr 34
Strahlen-Breitsame
45
Strudel 49
Struthan 34
Stumi 5
stumm 63
Süden 54
Südosten 54
Sudri 32
Südwesten 54
Surtur 6
Suttung 6
Svada 5
Svadi 5
Svaf 7
Svarangr 5
Svasudr 6
Svatr 6
Sveid 31
Sveipinfalda 35
Svidi 6
Svip 5
Svipul 31
Svivör 31
Swaf 20
Swanhild 31
Swanwit 31
Swawa 31
Swior 32
Swipdag 20
Syn 29
Syr 29
Tafl 57
Tal 52
Tamfana 29
Tarn-Kappe 67
Tarn-Umhang 67